# Daniel Lupzig

# Authentische Führung und Selbst-Effizienz von Mitarbeitern

## Authentizität als Chance zur persönlichen Weiterentwicklung

**Bibliografische Information der Deutschen Nationalbibliothek:**

Die Deutsche Nationalbibliothek verzeichnet diese Publikation in der Deutschen Nationalbibliografie; detaillierte bibliografische Daten sind im Internet über http://dnb.d-nb.de abrufbar.

**Impressum:**

Copyright © Science Factory 2019

Ein Imprint der GRIN Publishing GmbH, München

Druck und Bindung: Books on Demand GmbH, Norderstedt, Germany

Covergestaltung: GRIN Publishing GmbH

# Inhaltsverzeichnis

Zusammenfassung ................................................................................................................. V

Abstract ................................................................................................................................. VI

Abkürzungsverzeichnis ...................................................................................................... VII

Abbildungsverzeichnis ..................................................................................................... VIII

Tabellenverzeichnis ............................................................................................................. IX

1 Einleitung ............................................................................................................................. 1

2 Theoretischer Hintergrund ............................................................................................... 3

    2.1 Authentizität ................................................................................................................ 3

    2.2 Authentische Führung ................................................................................................ 8

    2.3 Das Selbstkonzept ..................................................................................................... 14

    2.4 Auswirkungen authentischer Führung .................................................................. 20

3 Methode .............................................................................................................................. 24

    3.1 Stichprobe und Design .............................................................................................. 24

    3.2 Material ....................................................................................................................... 26

    3.3 Deskriptive Statistik und Korrelationen ................................................................ 29

4 Ergebnisse .......................................................................................................................... 30

5 Diskussion .......................................................................................................................... 34

    5.1 Interpretation der Regressionsanalysen ................................................................ 34

    5.2 Kritische Reflexion und Limitation ......................................................................... 37

**6 Fazit** ........................................................................................................................... **39**

**Literaturverzeichnis** ................................................................................................. **40**

**Anhang** ......................................................................................................................... **52**

Anhang 1: Fragebogen Mitarbeiter Deutsch .................................................................. 52

Anhang 2: Fragebogen Mitarbeiter Englisch .................................................................. 57

Anhang 3: Fragebogen Führungskräfte Deutsch ............................................................ 62

## Zusammenfassung

Im Arbeitskontext stellt das Führungsverhalten einen entscheidenden Faktor dar, Mitarbeiter zu beeinflussen. Bestehende Studien haben gezeigt, dass das Wohlbefinden der Mitarbeiter ein wichtiger Aspekt ist, auf den sich Unternehmen besonders konzentrieren müssen. Dieses Wohlbefinden am Arbeitsplatz stellt eine der positiven Auswirkungen dar, die mit authentischer Führung verbunden ist. Es besteht jedoch Bedarf an weiteren empirischen Untersuchungen, um diese Ergebnisse zu bekräftigen. In der vorliegenden Arbeit wurde auf Grundlage ausgewählter Konstrukte, der Zusammenhang zwischen authentischer Führung und der Selbst-Effizienz sowohl der Mitarbeiter als auch der Führungskräfte selbst, untersucht. Hierzu wurden Daten von Arbeitskräften aus Deutschland und den Philippinen mittels zweier Online-Fragebögen erfasst. Zunächst wurden die Sichtweisen der Mitarbeiter über ihre Vorgesetzten abgefragt (ALQ). Die Führungskraft konnte ihren Führungsstil demnach selbst bewerten. Anschließend wurde die Selbst-Effizienz der Mitarbeiter und Führungskräfte erfasst (SKI). Daten konnten aus einer Stichprobe von 124 Teilnehmern (N=124) in die Auswertung mit aufgenommen werden. Die Stichprobe bestand aus 41 Führungskräften und 83 Mitarbeitern.

Die Ergebnisse dieser Analysen konnten bestätigen, dass positive Zusammenhänge zwischen authentischer Führung und der Selbst-Effizienz der Mitarbeiter und der Führungskräfte selbst, bestehen. Somit decken sich die Befunde dieser Arbeit zum größten Teil mit den gefundenen Quellen aus der Literatur. Überraschenderweise zeigten die Ergebnisse keinen Zusammenhang zwischen der Differenz der Selbst-Effizienz-Bilder und der Wahrnehmung authentischer Führung. Die Gründe hierfür könnten in der allgemeinen Bewertung des Selbstkonzeptes liegen. Mitarbeiter können auch unabhängig von ihrer vorgesetzten Person eine hohe Selbst-Effizienz aufweisen, was ihrem Idealbild nahekommt. Hierzu sollten zukünftige Forschungen näher darauf eingehen.

## Abstract

In the work context, leadership behaviour represents one crucial factor influencing employees. Previous studies have shown that employees' well-being is an important aspect that companies need to focus on. This well-being in the workplace is one of the positive effects associated with authentic leadership. However, there is a need for further empirical research to support these findings. In this thesis, the relationship between authentic leadership and self-efficacy of both, employees and managers, has been examined on the basis of selected constructs. For this purpose, data of workers from Germany and the Philippines were collected using a cross-sectional survey including two online questionnaires. First, the employees' views about their current leader were asked (ALQ). Therefore, the leader evaluated his or her own leadership style. Afterwards, employees' and managers' self-efficacy was measured (SKI). Data from a sample of 124 participants (N=124) were collected for this evaluation. Sample consisted of 41 managers and 83 employees.

Results of the study confirmed positive correlations between authentic leadership, employees' and managers' self-efficacy. Thus, findings of this paper correspond to the sources found in the literature. Surprisingly, the results showed no correlation between the difference of real- and ideal-self-efficacy and the perceived authentic leadership. The reason for this could be found in the general evaluation of the self-concept. Employees can also show a high level of self-efficacy independently of their leader, which comes close to their ideal self. Future research should examine this topic in more detail.

## Abkürzungsverzeichnis

| | |
|---|---|
| B | Regressionskoeffizient |
| Df | Zahl der Freiheitsgrade |
| F | F- Wert |
| M | Mittelwert |
| N | Stichprobengröße der Gesamtstichprobe |
| SD | Standardabweichung |
| SE | Standardfehler |
| SS | Quadratsumme |
| p | Signifikanzniveau |
| $R^2$ | R- Quadrat |
| t | T- Wert |
| $\alpha$ | Cronbachs Alpha |
| $\beta$ | Beta |

# Abbildungsverzeichnis

Abbildung 1: Multikomponentenmodel der Authentizität .................................................. 8

Abbildung 2: Vier Komponenten authentischer Führung .................................................. 13

Abbildung 3: Vier Informationsquellen der Bewertung von Selbst-Effizienz ..................... 17

Abbildung 4: Übersicht der untersuchten Konstrukte ....................................................... 23

Abbildung 5: Schematische Darstellung des Selbstkonzepts im SKI ................................. 28

## Tabellenverzeichnis

Tabelle 1: Arbeitserfahrung von Führungskräften und Mitarbeitenden ............... 25

Tabelle 2: Anstellung als Führungskraft im derzeitigen Verhältnis und Dauer des Arbeitsverhältnisses der Mitarbeitenden unter der aktuellen Führungskraft ............... 26

Tabelle 3: Vergleich der Teilstichproben im ALQ ............... 30

Tabelle 4: Vergleich der Teilstichproben des SKI (SKI-S & SKI-I) ............... 31

Tabelle 5: H1 – Regression von Selbst-Effizienz der Mitarbeiter auf authentische Führung ............... 31

Tabelle 6: H2 – Regression von Selbst-Effizienz der Führungskraft auf authentische Führung ............... 32

Tabelle 7: H3 – Differenz von Selbst- und Idealbild (Selbst-Effizienz) ............... 32

Tabelle 8: H3 – Regression von authentischer Führung auf Differenz (Selbst-Effizienz) . 33

# 1 Einleitung

„Before you are a leader, success is all about growing yourself. After you become a leader, success is all about growing others." (Jack Welch, 2005, S.80)

249 Tage im Jahr muss eine Vollzeit-Arbeitskraft[1] in Deutschland arbeiten. Mit durchschnittlich 31 Urlaubstagen bleiben somit immer noch 218 Tage übrig, im Beruf täglich maximale Leistung erbringen zu müssen (Institut für Arbeitsmarkt und Berufsforschung, Stand: 04.06.2019). Dadurch verbringen Menschen 60 Prozent der Tage an ihrem Arbeitsplatz. Zahlreiche, oft unbezahlte Überstunden sind vor allem wegen der wirtschaftlichen Entwicklung schon lange keine Seltenheit mehr (Fabian & Breunig, 2019). Durch die stärker werdende Konkurrenz und den stetig wachsenden Leistungsdruck im Wettbewerb hat daher authentische Führung in den letzten Jahren immer mehr an Bedeutung dazugewonnen (Kim, 2018). Viele Unternehmen stehen vor der Herausforderung, eine respektierte Führungskraft zu haben, die Mitarbeiter dazu ermutigen kann, sowohl individuelle als auch unternehmerische Ziele zu erreichen. Authentische Führung wird als die grundlegende Komponente der positiven und effektiven Führung bezeichnet, die erforderlich ist, um das Selbstvertrauen der Mitarbeiter zu fördern und das Vertrauen der Mitarbeiter in das Management zu stärken (Avolio, Gardner, Walumbwa, Luthans & May, 2004).

Sie konzentriert sich auf den Erwerb positiver psychologischer Fähigkeiten im organisatorischen Kontext, welche sich sowohl auf das Verhalten der Führungskräfte als auch der Mitarbeiter positiv und negativ auswirkt (Luthans & Avolio, 2003). Zudem offenbaren authentische Führungskräfte ihre persönlichen Werte und Motive und zeigen Offenheit gegenüber ihren Mitarbeitern. Sie dienen als ein positives Vorbild in Form von Ehrlichkeit und einer moralisch/ethischen Entwicklung der Beziehung zwischen Führungskraft und Mitarbeiter.

Vor allem in einem stressigen Arbeitsumfeld ist die Integrität von Führungskräften von besonderer Bedeutung, da authentische Führungskräfte Stabilität vermitteln sollten, indem sie klare Richtungen und Werte vorgeben, mit denen sich die Mitarbeiter identifizieren können. Positive Psychologie strebt danach, Faktoren zu entdecken und zu fördern, die es dem Individuum ermöglichen, Wohlbefinden und psychische Gesundheit zu erfahren (Luthans, 2002; Pajares, 2001). Ein positives

---

[1] Personenbezogene Bezeichnungen sind genderneutral zu verstehen.

psychologisches Konstrukt in diesem Zusammenhang ist die Selbst-Effizienz (Harris, Thoresen & Lopez, 2007). Definiert als der Glaube an die eigenen Fähigkeiten (Bandura, 2009), wird sie als Fähigkeit eines Individuums betrachtet, die die Motivation und das Verhalten beeinflusst, wie z.B. die aufgewandte Anstrengung, ein Ziel zu erreichen (Bandura, 1997). Nach Banduras Theorie der Selbstwirksamkeit (1977, 1986), ist diese durch die Interaktion mit dem sozialen Umfeld formbar. Führung als Prozess der Beeinflussung anderer, spielt im Zusammenhang mit der Forschungsfrage eine zentrale Rolle (Bryman, 1986). Die vorliegende Arbeit untersucht auf Grundlage von arbeits- und organisations- psychologischen Konstrukten, ob ein Zusammenhang zwischen authentischem Führungsstil und der Selbst-Effizienz, sowohl der Mitarbeiter als auch der Führungskräfte selbst, besteht. Es wird davon ausgegangen, dass authentische Führung den Teil des Selbstkonzepts einer Person positiv beeinflussen kann.

## 2 Theoretischer Hintergrund

Um einen Einstieg in das Thema der authentischen Führung zu ermöglichen, ist es zunächst wichtig, den Fokus auf den Begriff der Authentizität zu richten, um die Relevanz im Führungskontext besser zu verstehen. Anschließend werden einzelne Dimensionen dieses Führungsstils betrachtet, die eine gewisse Komplexität aufweisen. Zuletzt wird auf das speziell für die Untersuchung wichtige Selbstkonzept eingegangen.

### 2.1 Authentizität

Authentizität hat seine Wurzeln in der antiken griechischen Philosophie und ist abgeleitet aus dem Wort „authentikós", was übersetzt so viel heißt wie echt, richtig und unverfälscht (Emmerich & Rigotti, 2019). Nach Harter (2002) zielt Authentizität auf den Grundsatz ab, sich selbst treu zu sein (*"to thine own self be true"*). Hierbei geht es um persönliche Erfahrungen, seien es Gedanken, Emotionen, Bedürfnisse, Wünsche, Vorlieben oder Überzeugungen. Dies impliziert ferner, dass eine Person mit hoher Ausprägung dieser Eigenschaft, im Einklang mit ihren inneren Gedanken und Gefühlen handelt. Dieses moderne Verständnis von Authentizität baut vor allem auf den Arbeiten von Carl Rogers (1961) auf, der die humanistische Psychologie sehr geprägt hat. Rogers (1961) zufolge strebt der Mensch danach, in der Kommunikation mit anderen Personen aufrichtig und ehrlich ihnen gegenüber zu sein. Dabei spielen Gefühle, Gesten, Sprache und Körperbewegung eine gleichrangige Rolle und vermitteln demzufolge die gleiche Botschaft. Zudem betont Rogers (1961), dass in solchen interpersonalen Beziehungen die Kommunikation echt und offen, aber nicht vorgetäuscht ist. Maslow (1968, 1971) legt sein Augenmerk auf die Entwicklung von voll funktionsfähigen oder selbstverwirklichenden Personen. Diese stehen im Einklang mit ihrer grundlegenden Natur und sehen das Leben klar und deutlich. Somit sind sie unabhängiger von den Erwartungen anderer und können vernünftigere, persönliche Entscheidungen treffen. Menschen mit einem hohen Maß an Authentizität haben starke, ethische Überzeugungen (Maslow, 1971). Nach Kernis (2003) spiegelt Authentizität als psychologisches Konstrukt die ungehinderte Funktionsweise eines Menschen wider. Er beschreibt Authentizität als "reflecting the unobscured operation of one's true, or core, self in one's daily enterprise" (S. 13). Einen wichtigen Beitrag zur Definition von Authentizität liefern vier verschiedene Komponenten, welche als theoretisches Fundament für die Theorien zur authentischen Führung herangezogen wurden (Kernis, 2003). Aus dieser Perspektive beinhaltet das Wesen der Authentizität folgende miteinander verbundene, aber trennbare Komponenten, die im Anschluss genauer beschrieben werden: (1) Awareness (Bewusstsein); (2) Unbiased Processing (Unvoreingenommene Verarbeitung); (3) Behavior (Verhalten) und (4) Relational Orientation (Relationale Ausrichtung). Diese Faktoren bilden den Grundstein zur Authentizität und authentischer Führung.

### 2.1.1 Awareness

Die Komponente des *Bewusstseins* bezieht sich auf das aktuelle und situationsbezogene Bewusstsein auf eigene Motive, Gefühle, Wünsche und selbstrelevante Erkenntnisse (Kernis & Goldman, 2005, 2006). Sie schließt ebenfalls mit ein, sich seiner Stärken und Schwächen bewusst zu sein. Darüber hinaus wird eine Motivation vorausgesetzt, etwas über diese Selbstaspekte und deren Rolle im eigenen Verhalten zu lernen. Ein weiterer Aspekt dieser Eigenschaft spiegelt sich in der eigenen Polarität wider. Perls, Heffeline und Goodman (1951, 1965) stellten dies so dar, dass man sich sowohl der Figur als auch dem Grund bewusst sein solle. Perls und Kollegen (1951) sind der Auffassung, dass Menschen nicht ausschließlich maskulin oder feminin, extrovertiert oder introvertiert, dominant oder unterwürfig etc. sind. Obwohl ein Aspekt dieser Dimensionen im Allgemeinen gegenüber dem anderen überwiegt, existieren beide Aspekte. Folglich bedeutet dies, je höher die Ausprägung der Authentizität eines Individuums ist, desto bewusster ist ihm, dass es diese facettenreichen Selbstaspekte besitzt. Dieses Bewusstsein kann im Austausch mit Anderen oder der Umgebung genutzt werden. Paulhus und Martins (1988) führten den Begriff der funktionalen Flexibilität ein. Dieses Konzept bedeutet, dass Individuen Vertrauen in ihre eigenen Fähigkeiten haben und diese ebenfalls nutzen sollen. Ein hohes Maß an funktionaler Flexibilität äußert sich darin, dass die Person weniger Angst oder Schwierigkeiten hat, ihre multiplen Selbst hervorzurufen, da sie klar definiert sind und mit Vertrauen umgesetzt werden können. Kernis und Goldman (2006) betonen, dass das Bewusstsein über das Selbst ein Bestandteil des gesunden Funktionierens ist. Dieses Bewusstsein fördert die Selbstintegration und die Akzeptanz des Selbst. Zusammenfassend beinhaltet die Bewusstseinskomponente von Authentizität die Kenntnis über Bedürfnisse, Werte, Gefühle, Persönlichkeitsaspekte und ihre Rolle im Verhalten.

### 2.1.2 Unbiased Processing

Eine weitere Komponente von Authentizität nach Kernis (2003) ist das *unbiased processing*, welches mit *unvoreingenommener Verarbeitung* übersetzt werden kann. Hierbei erfolgt eine Verarbeitung von selbstrelevanten Informationen.

Darüber hinaus charakterisiert sie sich darin, extern bewiesene Informationen nicht zu leugnen, zu verzerren oder zu übertreiben (Kernis & Goldman, 2006). In anderen Worten werden sowohl positive als auch negative Selbstaspekte und Eigenschaften objektiv bewertet und akzeptiert. Kernis (2003) nennt ein Beispiel, wodurch dies verdeutlicht wird. Vielen Menschen fällt es schwer, sich einzugestehen, dass sie begrenzte Fähigkeiten oder ein nicht ausreichendes Talent bei einer bestimmten Aktivität haben. Anstatt diese nicht zufriedenstellende Leistung zu akzeptieren, rationalisieren sie deren Bedeutung, indem sie als unwichtig herabgestuft oder sogar ein neues Ergebnis interpretiert wird. Umgekehrt kann ebenso der Fall eintreten, dass Menschen mit einer geringen Ausprägung dieser Komponenten Schwierigkeiten haben, gewisse Emotionen von sich selbst zu erkennen wie bspw. Wut oder Angst, und sie stattdessen als Traurigkeit oder Langeweile missinterpretieren. Diese Abwehrprozesse sind zumindest teilweise durch Bedenken hinsichtlich des Selbstwertgefühls "motiviert". Menschen bilden sich ein, dass ein Erfolg über einen deutlich minderwertigeren Gegner die eigenen, extrem hohen Fähigkeiten rechtfertigt oder folgendermaßen auffasst:

> I beat this person, which if not a fluke, suggests that I have greater skills than this person, but it does not by itself show that my game is a dominant force.

Hier wird deutlich, dass eine Voreingenommenheit bei der Verarbeitung von evaluativer Selbstinformation vorliegt und das Fehlen einer authentischen Selbstevaluation widerspiegelt.

### 2.1.3 Behavior

Die dritte Komponente von Authentizität einer Person umfasst das *Verhalten*, welches aus der ursprünglichen Form *action* (Kernis, 2003) in *behavior* (Kernis & Goldman, 2006) umbenannt wurde. Sie beinhaltet vor allem, ob Individuen in Übereinstimmung mit ihrem "true self" handeln und sich auch konstant dementsprechend verhalten. Nach Kernis (2003) bedeutet sich authentisch zu verhalten, wenn im Einklang mit den eigenen Werten, Vorlieben und Bedürfnissen gehandelt wird. Der Sinn darin sei verfehlt, wenn Menschen "falsch" handeln, um Anderen zu gefallen, Belohnungen zu erhalten oder um Bestrafungen zu vermeiden.

Harter (1997) fand bereits heraus, dass sich drei verschiedene Motive bzgl. falschen Selbstverhaltens ergeben. Das erste Motiv ist die Abwertung des Selbst innerhalb der Gesellschaft. Hierbei kann sich die Person selbst nicht leiden bzw. wird von anderen signifikant abgelehnt. Das zweite Motiv besteht darin, dass der

Wunsch besteht, von anderen gemocht zu werden. Das dritte Motiv wird darin deutlich, indem ein Individuum mit verschiedenen Formen des Selbst experimentiert, als eine Art sozialen Rollenspiels.

Nach Kernis (2003) spiegelt sich Authentizität nicht in einem Zwang wider, sein wahres Selbst zu sein, sondern vielmehr im freien und natürlichen Ausdruck von Kerngefühlen, Motiven und Neigungen. Kernis (2003) und Kernis und Goldman (2006) bestätigen in ihren Studien, wenn dieser Ausdruck im Widerspruch zu den unmittelbaren und umweltrelevanten Umständen steht, sich Authentizität in einem kurzfristigen Konflikt äußert. Wie dieser Konflikt gelöst wird, kann erhebliche Auswirkungen auf Glaubwürdigkeit und Authentizität haben. Die Person soll sich nicht ausschließlich darauf konzentrieren, ob Authentizität in den eigenen Handlungen an sich reflektiert wird oder nicht. Anstatt dessen soll fokussiert werden, wie sich Verhalten im Zusammenhang mit der unvoreingenommenen Verarbeitung und dem Bewusstsein erklärt. Wenn zum Beispiel eine Person auf Druck derartig reagiert, dass sie im Einklang mit den vorherrschenden sozialen Normen handelt, was im Kontrast zu ihrem wahren Selbst steht, dann kann Authentizität eine Rolle spielen, die auf der Bewusstseins- und Verarbeitungsebene erfolgt, jedoch nicht auf der Verhaltensebene.

### 2.1.4 Relational Orientation

Ein vierter Bestandteil des Authentizitätsmodells von Kernis (2003) und Kernis und Goldman (2006) bezieht sich auf die relationale Ausrichtung enger Beziehungen zu anderen Personen. Jourard (1971) behauptet, dass "Authentisches Sein" ehrlich zu sich selbst und zu den eigenen Mitmenschen bedeutet. Damit ist das Ausmaß gemeint, in dem man Werte, Offenheit und Wahrhaftigkeit schätzt. Zudem meint es, das Wahre in einer Person zu sehen, sowohl das Gute als auch das Schlechte. Anders ausgedrückt, spiegelt eine authentische relationale Orientierung das Vermögen und die Motivation wider, sich selbst zu offenbaren. Diesbezüglich beinhalten authentische Beziehungen einen selektiven Prozess der Selbstdarstellung und die Entwicklung gegenseitiger Intimität und Vertrauen. Kernis und Goldman (2006) führen diesen Gedanken weiter und weisen auf die Wichtigkeit zu engen anderen Personen hin, die einen selbst als "echten" Menschen sehen und sich mit ihnen in einer Weise auseinandersetzen und ihnen erleichtert, dies zu tun. Die Autoren führen weiter fort, dass darüber hinaus die Authentizität eines Menschen sowohl ein erhöhtes Maß an Selbsterkenntnis und Verständnis (awareness) als auch die Fähigkeit, das eigene Selbst objektiv zu bewerten (unbiased processing), bildet. Diese höheren Authentizitätsstufen können die Selbsterfahrung verbessern. Bereits bestehende Forschungen (Swann 1983, Swann; Stein-Seroussi & Giesler, 1992), die sich auf die Theorie der Selbstverifikation konzentrieren, deuten darauf hin, dass Menschen durch ihr Bedürfnis nach Selbsterkenntnis motiviert seien. Sie werden von anderen angezogen, die ihre bereits vorhandenen Selbstverständnisse bestätigen. Kernis & Goldman (2006) fanden heraus, dass Prozesse der Selbstverifikation in engen Beziehungen besonders wahrscheinlich sind, wenn die anderen Komponenten von Authentizität innerhalb der Individuen wirksam sind. Umgekehrt treten Selbstverbesserungsprozesse, die verzerrte Beurteilungen innerhalb von engen Beziehungen umfassen, zwischen Individuen mit geringer Authentizität auf. Diejenigen, die sich nicht sicher sind, wer sie wirklich sind und sich einer genauen Selbsteinschätzung widersetzen. Anders ausgedrückt, kann eine niedrige Authentizität das Vorhandensein von zerbrechlichen Selbstgefühlen widerspiegeln, die zur Selbstverbesserung motivieren (Kernis, 2003; Kernis & Goldman, 2002). In solchen Fällen kann es zu Unstimmigkeiten zwischen der Selbsteinschätzung der Individuen und deren Wahrnehmungen darüber kommen, wie ihre Vertrautesten diese bewerten. Diese Bewertungen können in ihrer Genauigkeit verzerrt werden und zu einer Übereinstimmung des positiven Selbstbildes beitragen.

Wie Erickson (1995) bereits anmerkte, ist Authentizität kein Entweder/Oder-Zustand. Menschen sind weder komplett authentisch oder unauthentisch. Stattdessen können sie als mehr oder weniger authentisch/unauthentisch beschrieben werden.

Wie in Abbildung 1 zu sehen ist, sind die vier beschriebenen Komponenten miteinander verbunden, können jedoch auch separat voneinander betrachtet werden (Kernis & Goldman, 2006). Es gibt Situationen in verschiedenen Bereichen, in denen die Umgebungseinflüsse das eigene Selbst hemmen können (z.B. eine Person darf ihre wahre Meinung gegenüber einen engen Freund nicht zum Ausdruck bringen, da er sonst im Nachhinein stark deprimiert ist). Obwohl verhaltensbedingte Authentizität in solchen Fällen verhindert werden kann, kann sie auf der Bewusstseinsebene und der unvoreingenommenen Verarbeitung wirksam sein. Hierbei kann die Bewusstseinskomponente als das Fundament von Verhalten und Beziehung angesehen werden (Kernis & Goldman, 2005). Es ist also möglich, dass eine Person auf einigen Ebenen authentisch handelt, auf anderen aber nicht. Daher ist es wichtig, die Prozesse zu untersuchen, die jeder Komponente der Authentizität zugeordnet sind (Kernis, 2003).

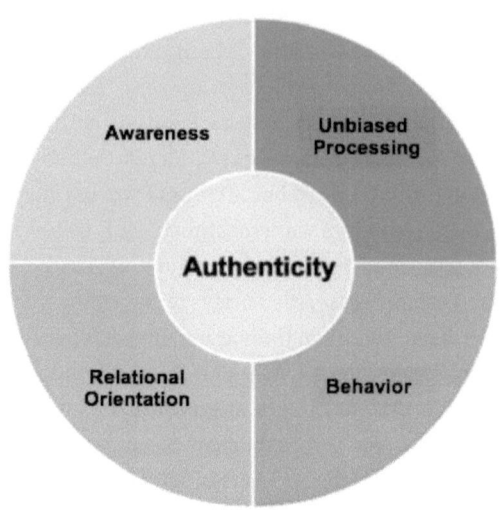

Abbildung 1: Multikomponentenmodel der Authentizität
(Kernis, 2003, Kernis & Goldman, 2006)

## 2.2 Authentische Führung

> After years of studying leaders and their traits, I believe that leadership begins and ends with authenticity. It's being yourself, being the person you were created to be.
> (Bill George, 2003, S. 11)

Das Konstrukt der authentischen Führung geht über den Begriff der Authentizität im herkömmlichen Sinne hinaus. Die früheste philosophische Auffassung von Authentizität innerhalb der Führungsliteratur entstand in den 1960er Jahren und spiegelte die Annahme wider, dass die Authentizität einer Organisation sich durch ihre Führung manifestiert (Novicevic, Harvey, Buckley, Brown & Evans, 2006). Nach Halpin und Croft (1963) wird organisatorische Authentizität als eine Funktion der Offenheit des Organisationsklimas angesehen und äußert sich darin, inwieweit sich die Mitglieder gegen persönliche Veränderungen wehren, wenn sie ihre Führungs- und Berufstätigkeiten ausüben. Der erste Versuch, die Konstrukte der Führungsauthentizität formal zu definieren und zu operationalisieren, erfolgte von Henderson und Hoy (1983). Die Autoren definieren die Authentizität von Führungskräften, bestehend aus drei Merkmalen, folgendermaßen:

(1) Die Übernahme der persönlichen und organisatorischen Verantwortung für Handlungen, Ergebnisse und Fehler; (2) Die Nicht-Manipulation von Mitarbeitern

und (3) Die Salienz der Rolle über dem Selbst. Diese Komponenten überschneiden sich teilweise mit den von Kernis und Goldman (2006) bereits erwähnten Komponenten von Authentizität. Das dritte Merkmal kommt dem philosophischen Konzept der Authentizität am nächsten, da es sich auf die "Tendenz bezieht, sich verhältnismäßig unbeeinflusst von traditionellen Rollenanforderungen aufrichtig zu verhalten". Eine sich auf diese Weise verhaltene Person, wird als real und authentisch angesehen (Henderson & Hoy, 1983, S. 66).

Luthans und Avolios (2003) Konzeptualisierung von authentischer Führung weckte das wissenschaftliche Interesse am Konstrukt im Bereich des Managements und lieferte die Grundlage für das aktuelle Verständnis dafür. Luthans und Avolio (2003) definieren authentische Führung als einen Prozess, der positive Führungsfähigkeiten und einen ausgeprägten, organisatorischen Kontext kombiniert. Er beeinflusst das Bewusstsein und das selbstregulierte positive Verhalten sowohl von den Führungskräften selbst als auch von deren Mitarbeitern. Die theoretischen Grundlagen ihres Modells beinhalten das sogenannte *positive organizational behavior* (POB) (Luthans, 2002), die transformationale/vollständige Führung (Avolio, 1999) und die ethische Perspektivenübernahme (Kegan, 1982). Aufgrund des Zusammenwirkens dieser Ansichten definiert sich authentische Führung als POB-Zustände wie Vertrauen, Hoffnung, Optimismus und Widerstandsfähigkeit, die später die Grundlage für das Konstrukt des *psychological capital* (PsyCap) wurden (Luthans, Avolio, Avey & Norman, 2007a).

Im Rahmen ihrer Forschung arbeiteten Avolio und Gardner mit ihren Kollegen an einer präzisieren Definition von authentischer Führung (Avolio & Gardner, 2005; Gardner, Avolio, Luthans, May & Walumbwa, 2005). Die Autoren berücksichtigen in ihren Überlegungen ebenfalls Vertrauen und Moral im Führungsalltag. Das Handeln der Führungskraft orientiert sich dabei an moralischen Prinzipien und zeichnet sich durch Fairness, Transparenz und Integrität aus.

Diese Forschungen lieferten ein Modell der authentischen Führungsentwicklung, das auf dem Multikomponentenmodell von Kernis (2003) basiert und als Grundlage für die Forschung von Walumbwa, Avolio, Gardner, Wernsing und Peterson (2008) dient. Verfeinerungen von Walumbwa und Kollegen (2008) haben zu der allgemein akzeptierten Definition von authentischer Führung innerhalb der Literatur geführt. Authentische Führungskräfte werden als selbstbewusst beschrieben, die Offenheit und Klarheit darüber zeigen, wer sie sind, und konsequent in Übereinstimmung mit ihren persönlichen Werten, Überzeugungen, Motiven und Empfindungen handeln (Walumbwa et al., 2008):

> We define authentic leadership as a pattern of leader behavior that draws upon and promotes both positive psychological capacities and a positive ethical climate, to foster greater self-awareness, an internalized moral perspective, balanced processing of information and relational transparency on the part of leaders working with followers, fostering positive self-development (Walumbwa et al., 2008, S. 94).

Die obige Definition zeigt die vier Komponenten authentischer Führung: (1) self-awareness; (2) internalized moral perspective; (3) balanced processing und (4) relational transparency, auf die ab Kapitel 2.2.1 ff. näher eingegangen wird. Diese basieren auf den Dimensionen von Kernis und Goldman (2006). Einige Verfeinerungen wurden an den vier Komponenten vorgenommen, um sowohl konzeptionelle als auch empirische Erkenntnisse über ihre Zusammensetzung zu berücksichtigen. Mit diesen Komponenten wurde von den Autoren eine validierte Skala zur Messung von authentischer Führung entwickelt, dem Authentic Leadership Questionnaire (ALQ).

Nachdem authentische Führung in der ursprünglichen Definition als sogenanntes "root contruct" als Fundament für andere positive Führungsstile eingeführt wurde (Avolio & Gardner, 2005, Avolio, Walumbwa & Weber, 2009), ist man mittlerweile von dieser Annahme abgerückt und verwendet die Bezeichnung authentischer Führung im Sinne eines Führungsstils, der durch die im Anschluss definierten Komponenten gekennzeichnet ist (Walumbwa, Luthans, Avey & Oke, 2011).

### 2.2.1 Self-Awareness

Eine Kernkomponente von authentischer Führung ist die *Selbsterkenntnis* (Walumbwa et al., 2008). Sie setzt voraus, dass Führungskräfte sich selbst verstehen und wie ihre Wahrnehmungen die Einschätzung von Menschen und Situationen beeinflussen. Führungskräfte, die Zeit und Energie in das Erlernen ihrer Stärken und Wahrnehmungsvorurteile investieren, helfen sich selbst, Situationen klarer zu sehen. Diese Fähigkeit ermöglicht ihnen, sich sowohl besser in die Lage versetzen zu können, als auch schneller und effektiver an neue Herausforderungen und Chancen anpassen zu können. Im Wesentlichen widmet eine Führungskraft mit ausgeprägter Selbsterkenntnis viel Zeit mit *adaptiver Selbstreflexion*, die die Leistung und Weiterentwicklung der Führungskraft fördert. Selbstreflexion ist ein bewusster und überlegter Prozess des Denkens und Interpretierens von Erfahrungen, um daraus zu lernen. Der Prozess ist nicht automatisch, sondern findet als Reaktion auf Erfahrungen und zu einem bestimmten Zweck statt (Getliffe, 1996). Wenn eine Führungskraft ihre Erfahrungen reflektiert, kann dies zu neuen

Wertschätzungen und zu einem besseren Eigenverständnis führen (Boud, Keogh & Walker, 1985). Adaptive Selbstreflexion bezieht sich auf einen konstruktiven Prozess, bei dem Denkmuster und Emotionen mit Offenheit, Positivität und einer lernenden Perspektive verbunden sind. Sie entsteht aus einer intrinsischen Neugier und dem unvoreingenommenen Wunsch, selbst etwas von sich als Führungskraft zu lernen (Trapnell & Campbell,1999). Bei einer *maladaptiven Selbstreflexion* handelt es sich um eine wiederholte Selbstverurteilung. Dies ist eine destruktive Denkweise, die eigene Energieressourcen erschöpft, indem sie negative Emotionen wie Angst, Selbstzweifel und angstbasierte Handlungen erzeugt (Mor & Winquist, 2002). Daher bietet eine größere Selbsterkenntnis der Führungskräfte Möglichkeiten, die Selbstkenntnis und die Selbstregulationsfähigkeiten zu verbessern (Avolio & Gardner, 2005). Neue Umstände und Herausforderungen können neue Lösungsansätze erfordern, die zunächst nicht offensichtlich sind. Ein Mangel an Selbstbewusstsein, Selbstreflexion und Selbstregulation wird die Leistung der Führungskraft im Laufe der Zeit beeinträchtigen. Frühere Forschungen

zur Selbsterkenntnis liefern Belege dafür, dass sie wichtig ist, um das Verhalten und die Leistung von Führungskräften zu bestimmen (Atwater & Yammarino, 1992; Tornow, 1993; Fletcher, 1997; Church, 1997; Brutus, Fleenor, & Tiask, 1999). Aus der Perspektive der Führungskräfteentwicklung beinhaltet die Selbsterkenntnis von Führungskräften den Fokus auf das Lernen der eigenen Führungsqualitäten einschließlich Stärken, Grenzen und Entwicklungszielen (Griffith, Avolio, Wernsing, & Walumbwa, 2009). Aufbauend auf der qualitativen Arbeit von Shamir und Eilam (2005), zeigten Peus, Wesche, Streicher, Braun und Frey (2012) in einer empirischen Studie mit mehr als 300 Mitarbeitereinschätzungen, dass die Selbstkonsistenz und Selbsterkenntnis der Führungskräfte relevante Voraussetzungen für die Wahrnehmung als authentische Führungskraft durch die Mitarbeiter sind.

### 2.2.2 Balanced Processing

Die Komponente des unbiased processing wurde in *balanced processing* aus der Kenntnis heraus umbenannt (Gardner et al., 2005), dass alle Menschen von Natur aus voreingenommene und fehlerhafte Informationsverarbeiter sind, insbesondere in Bezug auf selbstrelevante Informationen (Tice & Wallace, 2003). Eine Führungskraft, die ein authentisches Verhalten an den Tag legt, soll alle relevanten Informationen objektiv analysieren, bevor sie eine Entscheidung trifft. Dies beinhaltet auch Informationen, die der eigenen Überzeugung zunächst widersprechen und die tief verwurzelten Positionen in Frage stellen (Gardner et al., 2005).

Authentische Führungskräfte betrachten Themen mit einem offenen Geist und berücksichtigen die Vorteile der Kritik an sich selbst und ihres Führungsstils. Während sie einen internen und selbstreflexiven Prozess durchlaufen, um Selbsterkenntnis zu gewinnen, versuchen authentische Führungskräfte, die für ihre Entscheidungsfindung relevanten Informationen nicht falsch darzustellen, zu übertreiben oder zu ignorieren.

### 2.2.3 Internalized Moral Perspective

Wenn eine Führungskraft ihre Mitarbeiter nach hohen moralischen Standards aufgrund einer inneren, wertebasierten Überzeugung führt, nennt man dies eine *verinnerlichte moralische Perspektive*. Authentische Führung setzt ihren Schwerpunkt darauf, dass sowohl Führungskräfte als auch deren Mitarbiter ihren Werten, ihrer Identität, ihren Emotionen, Motiven und Zielen treu bleiben können (Gardner et al. 2005). Die Komponente der moralischen Perspektive legt nahe, dass beide Seiten eine klare moralische Verpflichtung haben, die Interessen des Teams zu respektieren. Diese Verantwortung wird zwar auch von transformationaler Führung übernommen, aber sie ist klarer und wichtiger für die authentische Führung (Bass & Steidlmeier, 1999). Wenn authentische Führungskräfte mit schwierigen ethischen Herausforderungen konfrontiert werden, wird von ihnen mit einer höheren moralischen Ausprägung erwartet, dass sie umfassender und tiefer über ethische Fragen nachdenken (Werhane, 1999). Ebenfalls wird ein ethischeres Verhalten erwartet, da sie dazu neigen, im Einklang mit ihren internen Wertestrukturen zu handeln (Hannah, Leser, & Vogelsang, 2005). Dies geschieht, weil eine fortgeschrittene, moralische Grundhaltung ein übereinstimmendes moralisches Verhalten fördert (Blasi, 1980; Verplanken & Holland, 2002). Infolgedessen neigen die Mitarbeiter dazu, die Sichtweise der Führungskraft auf konsistente, wertebasierte Verhaltensweisen als authentischer zu erachten.

### 2.2.4 Relational Transparency

Ein viertes Merkmal von authentischer Führung bezieht sich auf die Darstellung des wahren Selbst einer Führungskraft gegenüber anderen Personen. Diese Transparenz umfasst einen offenen Austausch von Informationen und den Ausdruck wahrer Gefühle und Emotionen. (Walumbwa et al., 2008). Diese offene Beziehungsgestaltung stärkt das Vertrauen zwischen der Führungskraft und des Mitarbeiters und mindert die Unterdrückung von Gefühlen (Kernis, 2003; Wong & Giallonardo, 2013). Dadurch wird Vertrauen und Intimität geschafft und im Gegenzug Teamarbeit, Kooperation und Lernprozesse gefördert (Avolio & Gardner, 2005). Avolio und

Gardner (2005) weisen ebenfalls darauf hin, dass authentische Führungskräfte ihre Ideale mit ihren Motiven und Handlungen durch den Prozess der Selbstregulation orientieren. Dieser Vorgang wird intern angeregt und umfasst die Einhaltung der eigenen Werte, anstatt sich von externen Anreizen und Bedrohungen beeinflussen zu lassen. Eine solche Selbstregulation bedeutet, das Gleichgewicht zwischen den eigenen Selbstwerten und den erwarteten Outcomes zu erhalten (Deci & Ryan, 1995; Gardner et al., 2005). Durch diesen Prozess bewältigen authentische Führungskräfte Konflikte und Spannungen zwischen ihren Grundsätzen und Aufgaben.

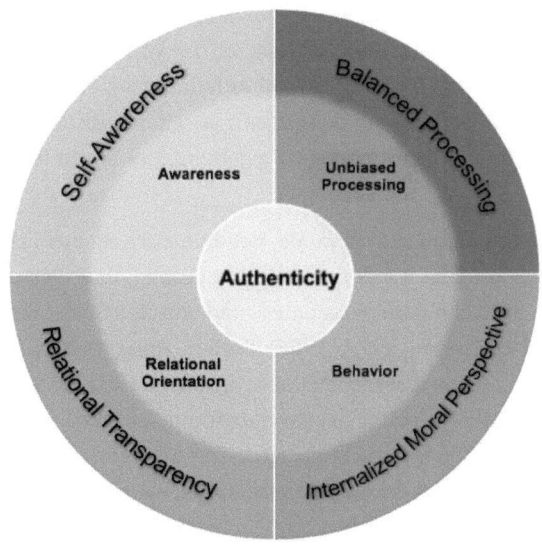

Abbildung 2: Vier Komponenten authentischer Führung
(Walumbwa et al. 2008)

Authentisch zu sein setzt bei der Selbstreflexion und dem Selbstkonzept an, also der Art und Weise, wie eine Person über sich denkt. Wenn eine Führungskraft in ihrem Selbst verankert ist, besitzt sie ein Gespür für das Wesentliche und kommt zu der Klarheit, aus der heraus sie ihre Mitarbeiter führt. Der Weg dahin beginnt für die Führungskraft also damit, zu erkennen, wer sie eigentlich ist. Wenn ein Vorgesetzter authentisch führen möchte, braucht sie ein stimmiges Selbstkonzept, das ihm die Richtung für sein Auftreten und Verhalten gibt (Brodmerkel, 2007).

## 2.3 Das Selbstkonzept

Im folgenden Abschnitt soll dem Leser der vorliegenden Arbeit eine Wissensbasis zum Selbstkonzept und ihres Teilbereichs, der Selbst-Effizienz verschafft werden, da sich die Forschungsfrage mit der Untersuchung des Zusammenhangs von authentischer Führung und der Selbst-Effizienz der Mitarbeiter und Führungskräfte beschäftigt. Es wird eine Abgrenzung vom Selbstkonzept und Selbst-Effizienz vorgenommen und einzelne Quellen der Bewertung von Selbst-Effizienz beschrieben.

Die Ursprünge finden sich in William James (1890) Werk wieder. Ihm zufolge bedeutet das Selbstkonzept das Wissen über persönliche Eigenschaften, Fähigkeiten, Vorlieben, Gefühle und Verhalten. Somit umfasst es die Wahrnehmung und das Wissen über die eigene Person (James, 1890). In Anlehnung an Mead (1934), der noch einen Schritt weiter geht, bildet und verändert sich das Selbstkonzept durch die Interaktion der Person mit ihrer sozialen Umgebung und der in ihr lebenden Person.

Er unterscheidet zwischen dem *I* und dem *Me*, bei dem nach Meads (1934) Verständnis das I der aktive- und das Me der sozialisierte Aspekt einer Person ist. Gegenwärtig wird häufig zwischen dem personalen- und sozialen Selbst bzw. Identität differenziert (Tajfel & Turner, 1979, 1986; Turner, Hogg, Oakes, Reicher, & Wetherell, 1987; Haslam, Turner, Oakes, McGarty, & Hayes, 1992). Das personale Selbst bezieht sich auf Selbstkategorien, die das Individuum als einzigartige Person in Bezug auf seine individuellen Unterschiede zu anderen Personen oder Gruppen definieren. Das soziale Selbst ist dadurch gekennzeichnet, dass sich ein Individuum bestimmten sozialen Gruppen zugehörig fühlt, wie bspw. Deutschen oder Akademikern. Diese *Theorie der sozialen Identität* wird von Tajfel und Turner (1979, 1986) expliziter dargestellt. Mead (1934, S. 196) stellt fest:

> It is only after we have acted that we know that we have done what we have said.

Rogers (1959) behauptet, dass das Selbst ein Produkt seiner Interaktion mit der Umgebung ist, insbesonders mit den wichtigen Menschen in seinem Leben. Von dort aus erstellt das Individuum das Konzept des Selbst oder "Who I am" (Engler & Fulton, 2012). Rogers (1954, 1959) stellt das Selbst als Dreieck dar. Die Basis bildet das *ideale Selbst*, das als Kern betrachtet werden kann und die anderen zwei Dimensionen unterstützt - das *wahre Selbst* und das *wahrgenommene Selbst*. Das wahre Selbst bezieht sich darauf, wie die Person wirklich ist. Somit wird hier der eindeutige Zusammenhang zwischen der Authentizität und dem Selbstkonzept deutlich. Wie bereits beschrieben, werden authentische Personen durch ihre

Echtheit und Transparenz charakterisiert. Das wahrgenommene Selbst zeichnet sich dadurch aus, wie sich die Person selbst sieht und wie andere sie sehen. Schließlich gilt beim idealen Selbst, wie die Person gern sein/werden möchte. Daraus lässt sich folgern, dass das Selbstkonzept sowohl das Selbstbild als auch die Selbsteinschätzung miteinander verbindet. Es impliziert persönliche Wertvorstellungen, Einstellungen, Persönlichkeitseigenschaften, Vorlieben und soziale Rollen einer Person und ebenso all das, was die Person ablehnt und nicht ist oder sein möchte (Rogers, 1959). Seit den siebziger Jahren wird das Selbstkonzept nicht mehr als eine einzige, zeitliche stabile Dimension betrachtet, sondern als ein multidimensionales, dynamisches Konstrukt (Markus, 1977; Kihlstrom & Cantor, 1984). Markus und Nurius (1986) und Baumeister (1986) fügen die sogenannten *Possible Selves* hinzu. Sie betonen durch die Berücksichtigung verschiedener zeitlicher Perspektiven nicht nur die Bedeutung der Vergangenheit für die aktuelle Zusammensetzung des Selbstkonzepts, sondern auch für auf die Zukunft bezogene Wünsche, Hoffnungen und Ängste, die als wichtige Motivationskomponente das Verhalten einer Person beeinflussen. Es wird von einem Selbstkonzept als kognitives Schema gesprochen, welches Informationen über Eigenschaften, Werte und Erinnerungen des Selbst enthält und die Verarbeitung selbstkonzeptrelevanter Information steuert (Campbell, Trapnell, Heine, Katz, Lavallee, & Lehman, 1996).

### 2.3.1 Selbst-Effizienz

Im folgenden Abschnitt wird *self-efficacy* bewusst mit Selbst-Effizienz anstatt *Selbstwirksamkeit* übersetzt, um den Begriff bezüglich des Methodenteils anzupassen. Im Rahmen der sozialkognitiven Lerntheorie von Albert Bandura (1977, 1986, 1997) und Bandura und Cervone (1983) wird der Begriff der Wahrnehmung der Selbst-Effizienz dem des generellen Selbstkonzeptes vorgezogen. Nach Bandura (1977, 1986) erlaubt es ein generelles Selbstkonzept nicht, spezifisches Verhalten in unterschiedlichen Situationen zu erklären. Die Überzeugungen der Selbst-Effizienz sind ein wichtiger Aspekt der menschlichen Motivation und des menschlichen Verhaltens sowie der Handlungen, die das eigene Leben beeinflussen können. Nach Bandura (1995) bezieht sich Selbst-Effizienz auf den Glauben an die Fähigkeit, die für die Bewältigung zukünftiger Situationen erforderlichen Handlungsweisen zu organisieren und auszuführen. Einfacher ausgedrückt ist Selbst-Effizienz das, was ein Individuum glaubt, mit seinen Fähigkeiten unter bestimmten Umständen erreichen zu können (Snyder & Lopez, 2007). Obwohl ursprünglich als Anwendung auf einen sehr spezifischen Tätigkeitsbereich beschrieben, gibt es zunehmende Erkenntnisse, dass Individuen auch ein verallgemeinerndes Maß an Selbst-Effizienz haben können. Dies geschieht gegenüber eines gemeinsamen Bereichs von Herausforderungen und Aufgaben, wie zum Beispiel dem Arbeitsplatz (Parker, 1998). Das Grundprinzip der Selbst-Effizienz-Theorie ist, dass Individuen eher Aktivitäten ausüben, bei der sie eine hohe Ausprägung von Selbst-Effizienz haben anstatt Aktivitäten, bei denen sie keine Selbst-Effizienz haben (Van der Bijl & Shortridge- Baggett, 2002). Laut Gecas (2004) verhalten sich Menschen so, wie sie ihre ursprünglichen Überzeugungen ausleben. Daher fungiert die Selbst-Effizienz als eine sich selbst erfüllende Prophezeiung. Dies kann an einem Beispiel veranschaulicht werden: Mitarbeiter A verfügt über gute Fähigkeiten und viel Erfahrung in der Erstellung von Grafiken, hat aber kein Selbstvertrauen, ein hochwertiges Layout für eine wichtige Konferenz zu erstellen. Mitarbeiter B hat nur durchschnittliche Fähigkeiten und verfügt nur über wenig Erfahrung in der Erstellung von Grafiken. Er ist jedoch sehr zuversichtlich, dass er hart daran arbeiten kann, ein qualitativ hochwertiges Layout für die besagte Konferenz zu erstellen. Aufgrund der geringen Selbst-Effizienz von Mitarbeiter A, fehlt diesem die Motivation, ein Layout für die Konferenz zu erstellen und sagt der Führungskraft, dass er die Aufgabe nicht erfüllen kann. Mitarbeiter B ist aufgrund seiner hohen Selbst-Effizienz hoch motiviert und leistet Überstunden, um sich anzueignen, wie hochwertige Layouts erstellt werden. Daraufhin präsentiert er das Layout bei der Konferenz und wird befördert.

Somit hat Selbst-Effizienz einen Einfluss auf die Lernfähigkeit, die Motivation und die Leistung der Individuen, da sie oft versuchen, Aufgaben zu erlernen und umzusetzen, nur um damit erfolgreich zu sein (Lunenburg, 2011).

Die Grundidee hinter der Selbst-Effizienz-Theorie ist, dass Leistung und Motivation zum Teil davon abhängen, wie wirksam Menschen glauben, zu sein (Bandura, 1982). Bandura (1977) erläutert vier Informationsquellen (vgl. Abbildung 3), die Individuen anwenden, um ihre Effizienz zu bewerten: (1) performance accomplishments (performance outcomes); (2) vicarious experiences; (3) verbal persuasion und (4) physiological states (emotional arousal).

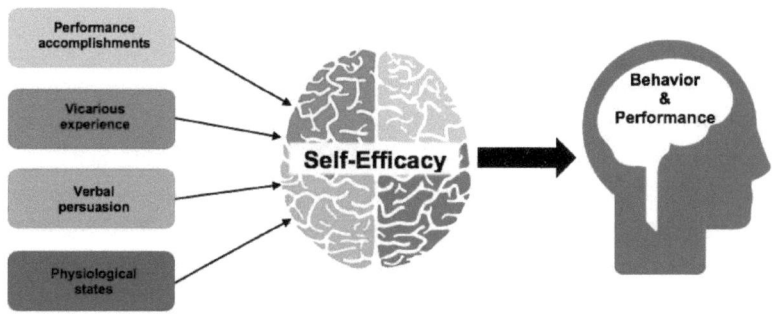

Abbildung 3: Vier Informationsquellen der Bewertung von Selbst-Effizienz (Bandura, 1977)

Diese oben genannten Komponenten helfen Individuen festzustellen, ob sie die Fähigkeiten besitzen, bestimmte Aufgaben zu erfüllen. Williams und Williams (2010) stellen fest, dass Personen mit einem hohen Maß an Selbst-Effizienz schwierige Aufgaben als Herausforderungen und nicht als zu vermeidende Bedrohungen angehen.

(1) Bandura (1977, 1986) betont, dass Leistungserbringungen oder frühere Erfahrungen die wichtigste Quelle für Selbst-Effizienz sind. Positive und negative Erfahrungen können die Fähigkeit eines Einzelnen beeinflussen, eine bestimmte Aufgabe zu erfüllen. Wenn eine Person bei einer vorherigen Aufgabe gute Arbeit geleistet hat, fühlt sie sich eher kompetent und bei einer ähnlich verknüpften Aufgabe gut (Bandura, 1977). Somit ist es wahrscheinlicher, dass sich die Person mehr anstrengt und die Aufgabe mit einem zufriedenstellenden Ergebnis erledigt. In der Tat können Misserfolge, die anschließend durch nachhaltige Anstrengung ausgeglichen werden, selbstmotivierend wirken. Sobald diese verbesserte Selbst-Effizienz einmal gefestigt ist, neigt sie dazu, sich auch auf andere Situationen zu übertragen, bei denen zuvor die eigene Leistung durch persönliche Unzulänglichkeiten geschwächt wurde (Bandura, Jeffery, & Gajdos, 1975).

(2) Der Begriff vicarious experiences kann durch die dahinterstehende Bedeutung mit stellvertretenden Erfahrungen übersetzt werden. Individuen können eine hohe oder niedrige Selbst-Effizienz stellvertretend durch die Leistungen anderer Menschen entwickeln. Sie können beobachten, wie jemand in einer ähnlichen Position Leistung erbringt, und dann die eigene Kompetenz mit der anderen vergleicht (Bandura, 1977). Meistern andere Menschen mit Fähigkeiten, die den eigenen gleichen, eine Aufgabe, traut man sie sich selbst auch eher zu, was gleichzeitig die

eigene Selbst-Effizienz erhöht. Andererseits demotiviert ein Scheitern der anderen das Selbst und kann somit die Selbst-Effizienz mindern.

(3) Nach Redmond (2010) wird die Selbst-Effizienz auch durch die Ermutigung und Entmutigung in Bezug auf die Leistungsfähigkeit eines Einzelnen beeinflusst. Ein positives Beispiel ist eine Führungskraft, die ihrem Mitarbeiter Vertrauen schenkt. Die Verwendung von verbaler Überzeugungskraft in einem positiven Licht führt in der Regel dazu, dass sich der Einzelne mehr anstrengt, sodass er eine größere Chance auf Erfolg hat. In der Regel werden Menschen dazu gebracht zu glauben, dass sie eine Aufgabe oder ein Verhalten erfolgreich erfüllen können, indem sie Vorschläge, Ermutigungen und Selbstinstruktionen nutzen. Da die verbale Überzeugung jedoch nicht auf persönlicher Erfahrung beruht, ist sie ein schlechter Auslöser für die Wirksamkeit und kann durch die Vorgeschichte der vergangenen Misserfolge erlöschen. In diesem Zusammenhang schlägt Bandura (1977) vor, dass Menschen dadurch motiviert werden können, indem sie glauben, dass sie über gewisse Fähigkeiten und Fertigkeiten verfügen, um erfolgreich zu sein (Banfield & Wilkerson, 2014). Ebenfalls kann das Maß an Glaubwürdigkeit die Wirksamkeit der verbalen Überzeugung beeinflussen (Redmond, 2010).

(4) Der physiologische Zustand oder auch die emotionale Erregung bilden die vierte Quelle der Selbst-Effizienz (Bandura, 1977). Nach Bandura (1977, 1986) erleben alle Menschen ihre Empfindungen aus ihrem Körper und wie sie diese emotionale Erregung wahrnehmen, beeinflusst ihren Glauben an die Wirksamkeit. Beispiele für physiologisches Feedback können beispielsweise eine Präsentation vor einem Kunden sein oder das Halten einer Rede vor einer großen Gruppe. All diese Aufgaben können Angst, Unruhe, verschwitzte Handflächen oder Herzrasen verursachen (Hebert, Kulkin & Ahn, 2014). Diese Anzeichen lassen sich oft als Schwäche interpretieren und es kommen Selbstzweifel auf. Ein Abbau von Stressreaktionen kann Menschen helfen, entspannter an Herausforderungen heranzugehen und sie so besser zu meistern. Eine empirische Untersuchung von Rahimnia und Sharifirad (2015) zeigt, dass Mitarbeiter von authentischen Führungskräften weniger physische Stress-Symptome und geringeren Stress wahrnehmen. Aufbauend auf diese Studie konnten Hörner, Weiswenger und Braun (2015) bestätigen, dass ein authentischer Führungsstil mit einer positiven Interpretation von Stress zusammenhängt. Mitarbeiter, die hingegen ihre Führungskraft als authentisch sahen, bewerteten Stress nicht als Bedrohung, sondern als Herausforderung, was als eine positive Coping- Strategie gesehen werden kann.

Ein neueres Konstrukt, was die Selbst-Effizienz einschließt, sind die Arbeiten über das PsyCap (Luthans et al., 2007a; Luhans, Youssef & Avolio, 2007b). In Bezug auf die Fähigkeit, beeinflusst zu werden, stimmt die Literatur über PsyCap (Luthans et. al, 2007a; 2007b) mit Banduras Forschungen (1977, 1986, 1997) überein. Die Autoren sind sich darüber einig, dass Selbst-Effizienz über die oben genannten Informationsquellen formbar ist.

Aus dem theoretischen Hintergrund der Arbeit wird ersichtlich, dass die Selbst-Effizienz sowohl bei den Führungskräften als auch deren Mitarbeitern formbar ist und dies nun zur Fragestellung der wissenschaftlichen Arbeit führt:

Besteht ein signifikanter Zusammenhang zwischen authentischem Führungsstil, der Selbst- Effizienz der Mitarbeitenden und der Führungskraft selbst?

### 2.3.2 Selbst- und Idealbild

Authentische Führung hat es sich zur Aufgabe gemacht, Mitarbeiter so zu führen, dass es ihr Wohlbefinden nachhaltig steigert (Ilies, Morgeson & Nahrgang, 2005). Personen sind glücklich und ausgeglichen, wenn das ideale- und reale Selbst weitgehend übereinstimmen, jedoch unglücklich, wenn die beiden Formen des Selbst zu weit auseinanderklaffen (Rogers, 1959). Ziel eines jeden Individuums sollte es sein, dass sich das wahrgenommene Selbstbild dem Idealbild ähnelt, um langfristig ein zufriedenes Leben führen zu können. Einen wichtigen Beitrag dazu liefert Carl Rogers im Kontext der Persönlichkeitstheorien mit seiner Selbsttheorie (1951, 1959, 1961). Der Prozess des Wandels oder des Werdens zählte zu Rogers wichtigsten Arbeiten (McLeod, 2007). Rogers Theorie des Selbst konzentriert sich auf das Selbstkonzept des Menschen. Für ihn sind gesunde Menschen Individuen, die Erfahrungen in ihre Selbststruktur aufnehmen können (Cervone & Pervin, 2008). Das Selbst ist der humanistische Begriff für das, was wir als Individuum wirklich sind, daher ist es die innere Persönlichkeit. Nach Rogers (1959) gibt es zwei Hauptquellen, die das Selbstkonzept beeinflussen (vgl. Kapitel 2.3): Kindheitserfahrungen und die Bewertung durch Andere. Individuen fühlen, erleben und verhalten sich so, wie es dem Selbstbild entspricht, das Idealbild, wie sie sein möchten. Je näher das Selbst- und Idealbild zueinanderstehen, desto höher ist das Selbstwertgefühl einer Person. Das Selbstbild betont, wie sich Individuen selbst sehen, was sehr wichtig für die psychologische Gesundheit ist (Rogers, 1959). Das Idealbild stellt das Bestreben nach den Zielen und Idealen eines Individuums dar. Rogers (1961) deutet darauf hin, dass es manche Punkte gibt, die außerhalb unseres Selbst liegen, die sich aus der Lücke zwischen dem Selbst- und Idealbild ergeben können

(Boeree, 2006). Daraus ergibt sich, dass eine auftretende Inkongruenz dieser beiden Sichtweisen zu psychischer Belastung oder Angst führen kann. Daher soll es die Aufgabe einer Führungskraft sein, diese Differenz der beiden Selbstbilder so weit wie möglich mithilfe ihres Führungsstils zu verringern.

## 2.4 Auswirkungen authentischer Führung

Die Ausübung eines authentischen Führungsstils kann sowohl für die Führungskraft selbst als auch für ihre Mitarbeiter Auswirkungen haben. Im Folgenden werden bereits durchgeführte Studien in den theoretischen Hintergrund eingeordnet, um die für die vorliegende Arbeit aufgestellten Hypothesen herleiten zu können.

### 2.4.1 Auswirkungen auf Mitarbeiter (Geführte)

Seit der Einführung des ALQ (Walumbwa et al., 2008) gibt es vermehrt empirische Befunde darüber, welche Effekte und Zusammenhänge zwischen authentischer Führung und den Mitarbeitern bestehen. Ein besonderes Augenmerk richtet sich hierbei auf das Engagement und die arbeitsbezogenen Leistungen der Mitarbeiter (Haas, Braun & Frey, 2016; Leroy, Palanski & Simons, 2012; Mehmood, Nawab & Hamstra, 2016; Wang, Shui, Luthans, Wang & Wu, 2014; Ribeiro, Gomes, Kurian, 2018). Die Untersuchungen ergaben einen positiven Zusammenhang zwischen authentischer Führung und der Performance der Mitarbeiter.

Zudem stützen Studien einen positiven Zusammenhang zwischen authentischer Führung mit Commitment (Jensen & Luthans, 2006; Neider & Schriesheim, 2011; Walumbwa et al., 2008), Arbeitszufriedenheit (Giallonardo, Wong & Iwasiw, 2010; Laschinger, Wong & Grau, 2012; Wong & Laschinger, 2013) und dem affektiv- motivationalen Zustand des Arbeitsengagements (Hassan & Ahmed, 2011).

Darüber hinaus konnte bewiesen werden, dass sich authentische Führung positiv auf sozial und ethikorientierte Verhaltensweisen der Mitarbeiter auswirkt. So zeigten Mitarbeiter, die den ihr vorgelebten Führungsstil als authentisch wahrnahmen, freie Meinungsäußerung (Hsiung, 2012) und helfendes Verhalten in Bezug auf ihre Führungskraft (Hirst, Walumbwa, Aryee, Butarbutar & Chen, 2016).

Zentrale Wirkmechanismen in Bezug auf Verhaltensmaße sind das Vertrauen in die Führungskraft, das PsyCap auf Seiten der Mitarbeiter und eine positive Wirkung sowohl auf Individual- als auch auf Gruppenebene (Smith et al., 2009; Hmieleski, Cole, & Baron, 2012; Rego, Sousa, Marques, & Cunha, 2012; Rego, Sousa, & Cunha, 2014, Wang, 2014, Wang et al., 2014). Diese Studien bestätigen die von Avolio und

Kollegen (2005) postulierten Annahmen, dass die Identifikation mit der authentischen Führungskraft Vertrauen, Optimismus und Hoffnung hervorruft, was sich wiederum auf das Verhalten der Mitarbeiter auswirkt.

Zudem vermehren sich die Studien darüber, wie sich authentisches Führungsverhalten auf das Wohlbefinden (well-being) der Mitarbeiter auswirkt (Ilies et al., 2005). Dieses Wohlbefinden kann sich an der Schnittstelle zwischen Beruf und Familie widerspiegeln (Kim, 2018, Wang et al., 2014). In Bezug auf die Gesundheit von Arbeitnehmern zeigen Laschinger und Fida (2014) in einer Längsschnittstudie, dass Krankenpfleger, die unter einem authentischen Führungsstil arbeiten, weniger Burnout- Symptome und eine höhere psychische Gesundheit berichten.

Avolio und Luthans (2006) argumentieren, dass Selbst-Effizienz als Teil des Selbstkonzepts und des Konstrukts von PsyCap von authentischer Führung beeinflusst werden kann.

In Anbetracht der Studie von Caza, Bagozzi, Wooley, Levy und Caza (2010), die ergab, dass authentische Führung mit der Entwicklung von PsyCap ihrer Mitarbeiter zusammenhängt, leitet der Verfasser seine erste Hypothese her:

> H1: Eine hohe Ausprägung authentischer Führung hängt positiv mit der Selbst-Effizienz der Mitarbeiter zusammen.

### 2.4.2 Auswirkungen auf Führungskraft selbst

Obwohl sich authentische Führung in der Forschungsliteratur als wichtiges Thema etabliert hat, gibt es bisher kaum Erkenntnisse darüber, inwieweit Führungskräfte selbst davon profitieren können, wenn sie authentisch sind. Ilies, Morgeson und Nahrgang (2005) behaupteten bereits in früheren Studien, dass Authentizität bei den Auswirkungen sowohl auf das eigene Wohlbefinden, als auch auf das Selbstkonzept der Mitarbeiter eine Rolle spielt. Den Autoren zufolge begründet sich dies darin, dass authentische Führungskräfte in der Lage sind, ihr wahres Selbst zu offenbaren, was zur Verwirklichung des Selbst führt. Zusätzlich legen sie dar, dass Selbsterkenntnis und eine unvoreingenommene Verarbeitung dazu führen, eine persönliche Weiterentwicklung zu fördern.

Einen ersten Schritt machten Toor und Ofori (2009) mit ihrer Studie über Authentizität der Führungskraft und der Einfluss auf deren eigenes Wohlbefinden. Die Autoren stellten fest, dass Authentizität signifikant mit dem psychologischen Wohlbefinden korreliert, was sie mittels einer Regressionsanalyse herausfanden.

Die Teilnehmer ihrer Studie waren ausschließlich Führungskräfte aus der Baubranche in Singapur.

Einen Schritt weiter gingen Fusco, O'Riordan und Palmer (2016), indem sie mit ihren empirischen Ergebnissen belegten, dass das Selbstkonzept einer Führungskraft innerhalb einer Coaching Gruppe gesteigert werden- und dies zu einer höheren Ausprägung authentischer Führung führen kann. Dazu wurden Gruppen, bestehend aus fünf bis sechs Teilnehmern, gebildet. Führungskräfte nahmen an einer der fünf gebildeten Gruppen über einen Zeitraum von zwei Jahren teil. Jede Gruppe traf sich für einen Tag im Monat um zu beurteilen, wie sehr ihre Vergangenheit, Gegenwart und Zukunft, ihre Ausübung als Führungskraft beeinflusst. Es wurden hier die Unterschiede zwischen Pre- und Post-Coaching untersucht. Das Coaching innerhalb einer Gruppe wurde daher bereits untersucht. Daraus lässt sich eine zweite Hypothese folgern:

> H2: Eine hohe Ausprägung authentischer Führung hängt positiv mit der Selbst-Effizienz der Führungskraft zusammen.

Authentische Führung verweist auf einen Führungsstil, der dauerhaft Selbsterkenntnis und Selbstregulation voraussetzt und gleichzeitig einen positiven Einfluss auf die Führungskraft selbst, die Mitarbeiter und auf das Unternehmen ausübt (Gardner et al., 2005). In anderen Worten nehmen sich authentische Führungskräfte auf eine Weise wahr, wer sie sind, indem sie die Vor- und Nachteile ihrer eigenen Person erkennen. Durch Selbstregulation des Verhaltens, bemühen sie sich, die Lücke zwischen ihrem wahren und idealem Selbst zu verringern (Luthans & Avolio, 2003; Avolio & Gardner, 2005). Demzufolge fördern sie ihr Wohlbefinden aufgrund ihrer Bemühungen, Grenzen zu überwinden und sich dem idealen Selbst anzunähern. Eine derartige Situation entsteht, da die Authentizität der Führungskraft das individuelle Wohlbefinden des Mitarbeiters fördert und ihm so dabei hilft, selbstkonsistente Ziele zu setzen (Ilies et al., 2005).

Bis zum jetzigen Zeitpunkt jedoch, gibt es noch keine Forschungen und Studien, die den Zusammenhang zwischen authentischer Führung und dem Selbst- bzw. Idealbild der Mitarbeiter messen. Durch die bereits bestehende Literatur kann lediglich davon ausgegangen werden, dass bei einem hohen Grad an authentischer Führung keine großen Wertunterschiede zwischen dem Selbst- und Idealbild der Mitarbeiter festzustellen sind. Dies soll aus diesem Hintergrund nun empirisch untersucht werden. Aus diesem Grund ergibt sich eine dritte Hypothese:

H3: Es besteht ein Zusammenhang zwischen einem geringen Abstand der Werte von Selbst- und Idealbild der Mitarbeitenden und der Wahrnehmung ausgeprägter authentischer Führung.

Alle drei Hypothesen können mithilfe der in Abbildung 4 abgebildeten Konstrukte untersucht werden.

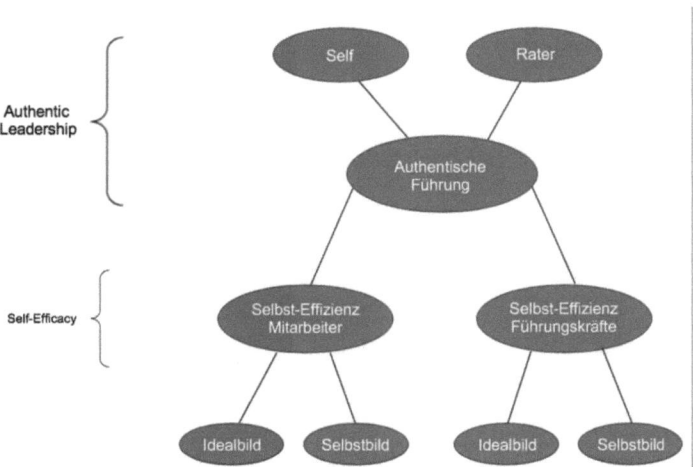

Abbildung 4: Übersicht der untersuchten Konstrukte

# 3 Methode

Im Folgenden wird auf das Forschungsdesign in der vorliegenden wissenschaftlichen Arbeit, bei der ein Zusammenhang zwischen authentischem Führungsstil, der Selbst- Effizienz der Mitarbeiter und der Führungskräfte untersucht wird, eingegangen. Hierbei wird die Stichprobe und das genutzte Design beschrieben und die Akquirierung genauer dargestellt. Nachfolgend wird sich auf die Beschreibung und Durchführung der Methode mit abschließender statistischer Auswertung konzentriert.

## 3.1 Stichprobe und Design

Die Untersuchung wurde vom 8. Mai bis zum 12. Juni 2019 durchgeführt und es wurden Daten sowohl von Führungskräften aus Deutschland und den Philippinen als auch Mitarbeitern aus beiden Ländern erfasst. Die potentiellen Teilnehmer erhielten vorab Informationen über die anschließende Studie via E-Mail oder WhatsApp. Diese Materialien enthielten Informationen zum Ablauf und dem Thema der Untersuchung sowie eine Datenschutzerklärung nach der Datenschutz-Grundverordnung (DSGVO).

Bei den 124 Probanden, die an der Studie teilnahmen, handelte es sich um Vollzeit-Berufstätige in einem festen Arbeitsverhältnis. Um eine möglichst große Bandbreite an verschiedenen Branchen von Unternehmen zu haben (Consulting, Sportbranche und Marketingagenturen), wurden die Stichproben aus 12 Co-Working-Büros in Hamburg und Umgebung genommen. Die Mitgliederanzahl der Unternehmen variierte hierbei zwischen vier und 52 Personen. 17 der 124 Teilnehmer (13,7%) absolvieren ein MBA-Studium an der Ateneo Graduate School in Manila auf den Philippinen, welche der Verfasser dieser Arbeit im Mai 2019 persönlich besuchte und vor Ort Informationen über die Studie austeilte. Drei der 41 befragten Führungskräfte waren Professoren, ebenfalls an jener Universität. Durch ein persönliches Verhältnis des Verfassers zu einem deutsch/philippinischen Studenten konnte vorab rekrutiert und um Erlaubnis bzgl. der Befragung gebeten werden. Da sich das MBA- Studium sehr an europäischen Standards orientiert und die teilnehmenden Studenten und Professoren aus Deutschland kommen bzw. eine doppelte Staatsbürgerschaft besitzen, konnten diese Teilnehmer ohne Bedenken mit in die Studie aufgenommen werden und es wurden diesbezüglich keine zusätzlichen kulturellen Unterschiede erfasst.

Die insgesamt 124 Teilnehmer an der Untersuchung setzten sich aus 41 Führungskräften und 83 Mitarbeitern zusammen, worunter 16.1% auf den Philippinen wohnen. 40.3% der Befragten waren weiblich (n=50). Das Durchschnittsalter betrug 34.69 Jahre (SD= 9.59) bei einer Streuung von 19 bis 60. Hieraus ergeben sich 2.03 Mitarbeiter auf eine Führungskraft. 35 der 83 Mitarbeiter waren weiblich (42.2%) und das Durchschnittsalter war bei 32.57 Jahre (SD= 9.08). Unter den 41 Führungskräften gab es einen weiblichen Anteil von 36.6% (n=15). Das durchschnittliche Alter lag bei 38.98 Jahre (SD= 9.26) bei einer Streuung zwischen 26 und 60. Die Dauer, wie viel Arbeitserfahrung sowohl Führungskräfte als auch Mitarbeitende bereits aufweisen, ist in Tabelle 1 zu sehen. Keiner der befragten Führungskräfte war weniger als fünf Monate in einem festen Arbeitsverhältnis. 58.8% (n=24) gaben an, dass sie bereits mehr als zehn Jahre an Arbeitserfahrung aufweisen können. Bei den Mitarbeitern gab lediglich eine Person an, dass sie weniger als fünf Monate in einem festen Arbeitsverhältnis steht. Der Großteil der befragten Mitarbeiter weist eine Arbeitserfahrung zwischen drei und zehn Jahren (n=36; 43.3%) und mehr als zehn Jahre (n=38; 45.7%) auf.

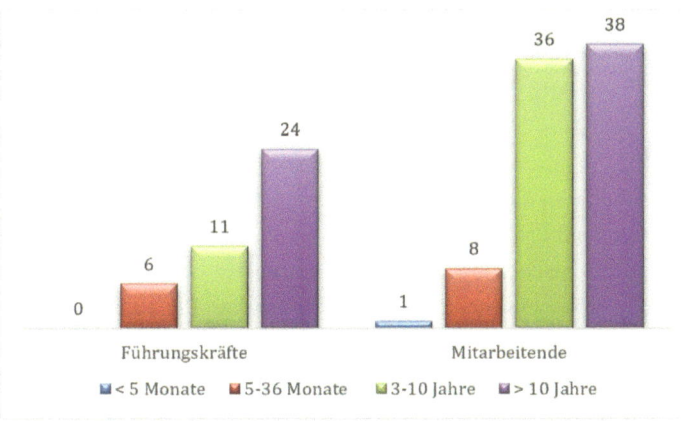

Tabelle 1: Arbeitserfahrung von Führungskräften und Mitarbeitenden

Die darauffolgende Tabelle 2 zeigt die Anzahl der Führungskräfte anhand ihrer Ausübung in der Führungsposition im jeweiligen Unternehmen und die Mitarbeiter, wie lange sie unter der derzeitigen Führungskraft bereits arbeiten. Bei den Führungskräften gaben 27 Personen an, dass sie bereits mehr als drei Jahre im derzeitigen Unternehmen als Vorgesetzter angestellt sind (65.9%). Bei den Mitarbeitenden war die Dauer des Arbeitsverhältnisses unter der jeweiligen aktuellen

Führungskraft relativ ausgeglichen. 31 der befragten 83 Personen (37.3%) arbeiten zwischen einem und drei Jahren unter der aktuellen Führungskraft.

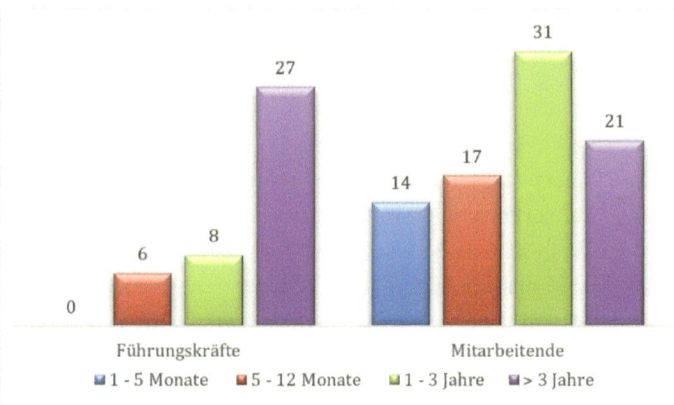

Tabelle 2: Anstellung als Führungskraft im derzeitigen Verhältnis und Dauer des Arbeitsverhältnisses der Mitarbeitenden unter der aktuellen Führungskraft

Die Datenerhebung wurde mittels eines Querschnittdesign festgelegt. Dieses bezieht sich auf einen Zeitpunkt, an dem die Erhebung der Variablen einmalig vorgenommen wurde.

## 3.2 Material

Insgesamt bearbeiteten die Probanden während der Untersuchung zwei verschiedenen Fragebögen mit drei Aufgabenteilen in Form eines Online- Fragebogens. Für die deutsch/philippinischen MBA-Studenten wurde der zweite Fragebogen, als Absicherung vor Sprachbarrieren, ins Englische übersetzt. Die einzelnen Skalen und Fragen wurden zur Gewährleistung der Richtigkeit mithilfe des Übersetzungsdienstes *onehourtranslation* in eine englische Version übertragen, welcher speziell zu psychologischen Zwecken verwendet wird. Zuerst wurden soziodemographische Daten der Teilnehmer erfasst. Es sollte zudem angegeben werden, wie lange allgemein die Person im Berufsleben steht. Ebenfalls sollten sie beantworten, über welchen Zeitraum die Zusammenarbeit mit der aktuellen Führungskraft bereits stattfindet bzw. seit wann die befragte Person an einer Führungsposition steht (vgl. Tabelle 2). Bei dem ersten eingesetzten Fragbogen handelt es sich um den Authentic Leadership Questionnaire, im weiteren Verlauf ALQ genannt (Walumbwa et al., 2008; Randolph-Seng & Gardner, 2013), bei dem das Verhalten der Führungskraft eingeschätzt wird. Die Autoren verwenden sowohl deduktive als auch induktive

Ansätze zur Erstellung der Items, um beurteilen zu können, inwiefern Führungskräfte ein authentisches Führungsverhalten vorleben und verkörpern (Hinkin, 1995). Die Inhalte basieren auf einer umfassenden Übersicht der bestehenden Literatur zur authentischen Führungstheorie, Entwicklung und Praxis (Avolio et al., 2004; Avolio & Gardner, 2005; Gardner et al., 2005; George, 2003; Ilies et al., 2005; Luthans & Avolio, 2005; Shamir & Eilam, 2005) und vorher abgeschlossenen Dissertationen zu den Themen authentischer Führung. Eine validierte deutsche Fassung des ALQ wurde ebenfalls übersendet. Dieser Fragebogen wurde von den Führungskräften in einer Self-Form ausgefüllt, von den Mitarbeitenden dementsprechend in einer Rater-Form, um den Vorgesetzten nach authentischer Führung zu beurteilen. Der ALQ umfasst insgesamt 16 Items mit vier theoretisch zusammenhängenden Faktoren:

Fünf Items für Relational Transparency (ermuntert jeden dazu, seine/ihre Meinung offen zu äußern), vier Items für Internalized Moral Perspective (trifft Entscheidungen auf der Grundlage seiner/ihren wichtigsten Wertvorstellungen), drei Items für Balanced Processing (hört sich verschiedene Standpunkte an, bevor er/sie seine/ihre Schlüsse zieht) und vier Items für Self Awareness (weiß, wann es Zeit ist, seinen/ihren Standpunkt im Hinblick auf wichtige Fragen neu zu überdenken). Diese Skalen wurden auf einer 5-stufigen Likertskala (von 0 = nie bis 4 = sehr häufig/immer) beantwortet. Jede der vier untersuchten Skalen wies eine gute Reliabilität auf. Walumbwa und Kollegen (2008) benutzten hierbei eine Stichprobe aus 892 Teilnehmern aus den USA und China innerhalb dreier Studien. 389 Teilnehmer waren weiblich (43.6%). Hier unterschieden sich die Werte des Cronbachs Alpha: USA ($\alpha$= .76- .92) und China ($\alpha$= .72- .79).

Der zweite Fragebogen ist das Selbstkonzept-Inventar (SKI) von von Georgi und Beckmann (2004). Der SKI unterscheidet sich von den klassischen Persönlichkeitstests darin, dass es den Aspekt der Persönlichkeit betont, der sich vornehmlich durch die Interaktion der Person mit ihrer sozialen Umgebung herausbildet (vgl. Abbildung 5). Die Dimensionen des SKI sind operational definiert, sodass es sich um Selbstkonzeptbereiche handelt, die in der Allgemeinbevölkerung mittels aggregierter Daten beschreibbar sind. Im SKI sind Unterschiede in den Selbstkonzepten in Abhängigkeit von den Arbeitsbedingungen zu erwarten und bzgl. der Fragestellung der vorliegenden Arbeit auch erwünscht. Das SKI positioniert sich somit zwischen der Annahme der Existenz genetisch bedingter, biologischer Persönlichkeitspräpositionen und der Hypothese der Bildung der Selbst-Effizienz durch die soziale Interaktion (von Georgi & Beckmann, 2004).

Methode

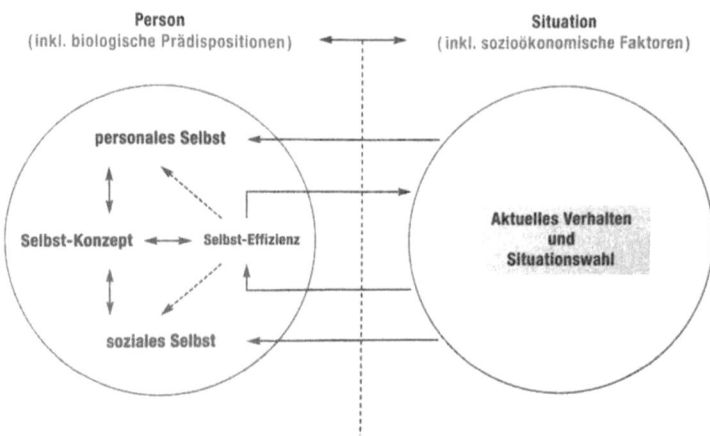

Abbildung 5: Schematische Darstellung des Selbstkonzepts im SKI
(von Georgi & Beckmann, 2004)

Neben der standardisierten Erfassung des Selbstkonzepts mittels des SKI ist zudem eine Erfassung des Idealbildes möglich. Hier wird im Folgenden zwischen dem SKI-S und SKI-I unterschieden. Mithilfe dieser beiden Testformen lassen sich zudem Aussagen über mögliche Abweichungen und Übereinstimmungen zwischen den verschiedenen Selbstbeschreibungen treffen. Das SKI besteht aus 40 bipolar formulierten Items, die auf einer 7-stufigen Skala nach ihrem Zutreffen von der befragten Person beurteilt werden sollen. Die 7-stufige Skala teilt sich gemessen an der neutralen Mitte (*0*) in je drei Abstufungen von *sehr zutreffend* auf *weniger zutreffend* (*3* bis *1* und *1* bis *3*).

In der vorliegenden Arbeit wurde explizit auf die Dimension der Ich-Stärke (egostrength) eingegangen, welche als Teil der Selbst-Effizienz gesehen werden kann (Bandura, 1986). Die Ich-Stärke ist eine von fünf Dimensionen des SKI. Sie erfasst eine allgemeine Lebens- und Selbstsicherheit sowie das Fehlen von häufigen Angstgefühlen (*meist fühle ich mich ganz wohl/ eigentlich fast nie*). Hierbei wurden die Items 1, 3, 5, 16, 21, 25, 36 und 38 verwendet. Das Konzept der Ich-Stärke betont den internalen, emotionalen Anteil des Selbstkonzepts und kann somit dem personalen Selbst zugeschrieben werden (von Georgi & Beckmann, 2004). Die einzelnen Items sind hierbei so gepolt, dass hohe Werte für eine hohe Ich-Stärke und eine geringe Unsicherheit stehen. Es wurden im Fragebogen zuerst die acht Items mittels SKI-I und anschließend die acht Items des SKI-S erfasst, um eine bessere Signifikanz feststellen zu können. Die Normierung des SKI erfolgte anhand einer repräsentativen Bevölkerungsstichprobe (N= 1008). Sie wurde zwischen November

1999 und Januar 2000 im Auftrag der Abteilung für Medizinische Psychologie der Justus-Liebig-Universität Gießen von der unabhängigen „Deutschland Gesellschaft für Markt- und Sozialforschung" (INRA) durchgeführt (von Georgi, 2006). Aufgrund fehlender Daten gingen in die Analyse des SKI-S und SKI-I der Ich-Stärke, 963 Datensätze ein. 549 Teilnehmer davon waren weiblich (56.9%) mit einem Mittelwert des SKI-S von M=50.3489 (SD= 8.595) und des SKI-I von M=52,0411 (SD= 8.1147). Hier konnte eine gute interne Konsistenz für Cronbachs Alpha festgestellt werden: SKI-S ($\alpha$= .81) und SKI-I ($\alpha$= .86). Bei der Auswertung des SKI werden sowohl die Itemrohwerte des SKI-S und des SKI-I berücksichtigt und einzeln betrachtet. Hier werden mittels einer Schablone die Rohwerte (1-7) der einzelnen Items addiert und der Summenwert ausgerechnet. Anschließend wird der Gesamt-Rohwert in den entsprechenden T-Wert umgerechnet. Hier kann wieder die bereits genannte Normierungsstichprobe als Referenzgruppe verwendet werden. Werte, die sich im inneren Bereich zwischen 40 und 60 bewegen, sind im Vergleich zur Referenzgruppe (Normalbevölkerung) als nicht auffällig zu bewerten.

### 3.3 Deskriptive Statistik und Korrelationen

Mit dem Ziel, die Zusammenhänge zwischen authentischer Führung und der Selbst-Effizienz der Mitarbeiter und Führungskräfte untersuchen zu können, wurde zu den Hypothesen jeweils eine einfache lineare Regressionsanalyse durchgeführt. Zur Aufbereitung der Daten und der Datenanalyse wurde das Programm *IBM SPSS Statistics Version 25* genutzt. Die Voraussetzungen für eine einfache Regression waren in der durchgeführten Untersuchung gegeben, da sowohl die unabhängige Variable (Prädiktor) als auch die abhängige Variable (Kriterium) intervallskaliert waren. Ebenfalls waren eine Unabhängigkeit und eine Normalverteilung des Fehlerwerts gegeben. Des Weiteren waren die unabhängigen Variablen nicht konstant, sondern wiesen eine Varianz auf.

Für diese Arbeit wurden drei Regressionsmodelle jeweils zu den Hypothesen aufgestellt. Hierzu wurden die Zusammenhänge der untersuchten Variablen nach folgendem Schema analysiert: Als abhängige Variable wurde zum einen die Selbst-Effizienz der Mitarbeiter und zum anderen die Selbst-Effizienz der Führungskräfte selbst verwendet. Als unabhängige Variable wurde die authentische Führung aufgenommen. Anschließend wurde die Differenz des Selbst- und Idealbildes als Prädiktor erfasst und die authentische Führung als Kriterium (vgl. Abbildung 4).

# 4 Ergebnisse

Im Folgenden werden die Ergebnisse der Studie mittels ausgewerteter Tabellen dargestellt und interpretiert.

Das Konstrukt der authentischen Führung wurde mittels des ALQ und seiner 16 Items gemessen, bei dem sowohl bei den Führungskräften ($\alpha$= .720) als auch bei den Mitarbeitern (.920) eine gute bis sehr gute Reliabilität vorlag. Die vier Komponenten authentischer Führung wurden in dieser Studie zusammengefasst, da in den Hypothesen das Augenmerk auf das Gesamtkonstrukt der authentischen Führung gelegt wurde.

In der untenstehenden Tabelle 3 werden die Mittelwerte und deren Standardabweichungen der authentischen Führung dargestellt. Hierbei werden die Werte der wahrgenommenen authentischen Führung der Mitarbeiter (Rater) und der selbstbewerteten Führung der Vorgesetzten (Self) verglichen.

| Authentische Führung | N | M | SD | Min. | Max. |
|---|---|---|---|---|---|
| Mitarbeiter | 83 | 2.7801 | .74569 | 2.25 | 3.31 |
| Führungskräfte | 41 | 3.2485 | .28996 | 2.63 | 3.81 |

Tabelle 3: Vergleich der Teilstichproben im ALQ

Es ist zu erkennen, dass Führungskräfte ihren eigenen Führungsstil signifikant authentischer wahrnehmen (M= 3.2485) als es die Mitarbeiter (M= 2.7801) tun. In Tabelle 4 werden die Selbst- und Idealbilder der Mitarbeiter und Führungskräfte anhand von Mittelwerten und Standardabweichungen untersucht. Allein durch die Betrachtung der Mittelwerte kann ein positives Selbstbild sowohl der Mitarbeiter als auch Führungskräfte festgestellt werden. Bei der Selbst-Effizienz des Selbstbildes wurden mithilfe des SKI-S acht Items untersucht. Dort lag das Cronbachs Alpha bei .751, was als ein akzeptabler Reliabilitätswert gesehen werden kann.

Ergebnisse

| Selbst-Effizienz | N | M | SD | Min. | Max. |
|---|---|---|---|---|---|
| Selbstbild | | | | | |
| Mitarbeiter | 83 | 52.2169 | 9.29207 | 28.00 | 72.00 |
| Führungskräfte | 41 | 53.8049 | 8.28016 | 28.00 | 68.00 |
| Idealbild | | | | | |
| Mitarbeiter | 83 | 62.6024 | 8.56103 | 31.00 | 73.00 |
| Führungskräfte | 41 | 61.2195 | 6.79158 | 46.00 | 73.00 |

Tabelle 4: Vergleich der Teilstichproben des SKI (SKI-S & SKI-I)

Die Mittelwerte im Selbst- und Idealbild sowohl der Mitarbeiter als auch Führungskräfte weisen keine signifikanten Unterschiede auf.

**Hypothese 1:**

Tabelle 5 zeigt die Ergebnisse der einfach linearen Regression von Selbst-Effizienz der Mitarbeiter auf authentische Führung. Das Regressionsmodell weist eine statistische Signifikanz auf ($R^2$ = .053 ; F(1,81) = 5.546, p = .021). 5.3% der Gesamtstreuung von Selbst-Effizienz der Mitarbeiter kann durch authentische Führung erklärt werden. Die Bedeutung des R- Quadrat kann als bedeutend eingestuft werden, da die Effektstärke $f$ nach Cohen (1988) .52 beträgt. Somit besteht ein signifikanter Zusammenhang ($b$ = 3.154; $t$ = 2.355; $p$ = .021) zwischen der authentischen Führung und der Selbst-Effizienz der Mitarbeiter. Dadurch konnte Hypothese 1 bestätigt werden.

| | b | SE b | $\beta$ | t | p |
|---|---|---|---|---|---|
| (Konstante) | 46.602 | 2.583 | | 18.043 | .000 |
| Authentische Führung | 3.154 | 1.399 | .253 | 2.355 | .021 |

Tabelle 5: H1 – Regression von Selbst-Effizienz der Mitarbeiter auf authentische Führung
*Anmerkungen*: $R^2$ = .053, F = 5.546, p = .021, N = 83

## Hypothese 2:

Zur Testung der zweiten Hypothese wurde eine Regression von Selbst-Effizienz der Führungskräfte auf authentische Führung gerechnet (vgl. Tabelle 6). Auch dieses Regressionsmodell war dazu geeignet, Varianz des Kriteriums aufzuklären ($R^2$ = 0.73; $F(1/39)$ = 4.136, p = .049). 7.3% der Gesamtstreuung von Selbst-Effizienz der Führungskräfte kann durch authentische Führung erklärt werden. Die Effektstärke nach Cohen (1988) hat einen starken Wert (d= 0.643). Authentische Führung und die Selbst-Effizienz der Führungskraft selbst weisen einen signifikanten Zusammenhang auf ($b$ = 8.842; $t$ = 2.034; $p$ = .049). Die zweite Hypothese ließ sich damit also bestätigen.

|  | b | SE b | β | t | p |
|---|---|---|---|---|---|
| (Konstante) | 33.924 | 9.855 |  | 3.442 | .001 |
| Authentische Führung | 8.842 | 4.348 | .310 | 2.034 | .049 |

Tabelle 6: H2 – Regression von Selbst-Effizienz der Führungskraft auf authentische Führung

*Anmerkungen*: $R^2$ = .073, $F$ = 4.136, $p$ = .049, $N$ = 41

## Hypothese 3:

Tabelle 7 demonstriert die Differenz des Selbst- und Idealbildes der Mitarbeiter. Mit einem Mittelwert von 10.3855 (SD= 9.88203), welcher mithilfe eines T-Tests aus der Differenz der Mittelwerte von Selbstbild und Idealbild errechnet wurde, wurde eine Regressionsanalyse von authentischer Führung auf die Differenz der Selbst-Effizienz vorgenommen.

|  | M | SD | SE M | N |
|---|---|---|---|---|
| Selbstbild der MA | 52.2169 | 9.29207 | 1.01994 | 83 |
| Idealbild der MA | 62.6024 | 8.56103 | .93969 | 83 |

Tabelle 7: H3 – Differenz von Selbst- und Idealbild (Selbst-Effizienz)

Die nachstehende Tabelle 8 zeigt, dass das Regressionsmodell die Signifikanzgrenze deutlich verfehlte ($R^2$ = .000, $F(1/81)$ = .984, p = .324). Das Modell ist somit als Ganzes nicht signifikant. Die Differenz der Selbst-Effizienz hat keinen signifikanten Prädiktor ($b$ = -.008; $t$ = -.992; $p$ = .324) auf die Wahrnehmung authentischer Führung. Hypothese 3 konnte demnach nicht bestätigt werden.

|  | b | SE b | β | t | p |
|---|---|---|---|---|---|
| (Konstante) | 1.866 | .119 |  | 15.664 | .000 |
| Differenz | -.008 | .008 | -.110 | -.992 | .324 |

Tabelle 8: H3 – Regression von authentischer Führung auf Differenz (Selbst-Effizienz)
*Anmerkungen*: $R^2 = .000, F = .984, p = .324, N = 83$

# 5 Diskussion

Ziel dieser Arbeit war es zu untersuchen, ob authentische Führung sowohl mit der Selbst-Effizienz der Mitarbeiter als auch der Führungskräfte zusammenhängt. Zusätzlich wurde getestet, ob ein Zusammenhang zwischen einem geringen Abstand der Werte von Selbst- und Idealbild der Mitarbeitenden und der Wahrnehmung ausgeprägter authentischer Führung besteht. Die vermuteten Zusammenhänge könnten größtenteils bestätigt werden. In diesem Kontext ist zu erwähnen, dass sich in Bezug auf das Selbstkonzept lediglich auf die Werte der Selbst-Effizienz konzentriert wurde. Es wurden mehrere lineare Regressionen zur Überprüfung der Hypothesen herangezogen. Die Effekte wurde mit einer fragebogenbasierten Querschnittserhebung geprüft. Auf der Grundlage dieser Erkenntnisse werden im weiteren Verlauf die Ergebnisse der Hypothesen interpretiert und daran angeknüpft die Studie kritisch reflektiert.

## 5.1 Interpretation der Regressionsanalysen

Die erste Hypothese nahm an, dass ein signifikant positiver Zusammenhang zwischen authentischer Führung und der Selbst-Effizienz der Mitarbeiter besteht. Um die Annahme bestätigen zu können, musste zuerst die authentische Führung im Allgemeinen erfasst werden (Walumbwa et al., 2008). Aufgrund der entstandenen Werte konnte ein authentisches Führungsverhalten der Vorgesetzten festgestellt werden. Durch eine einfache Regressionsanalyse im nächsten Schritt, zeigten Mitarbeiter, die ihre Führungskräfte als authentisch wahrnahmen, ein höheres Maß an Selbst-Effizienz. Im Einklang mit der Theorie der authentischen Führung wird behauptet, dass es authentische Führungskräfte in ihrer Vorbildfunktion als Möglichkeit sehen, ihre Mitarbeiter dazu inspirieren, Selbsterkenntnis zu erlangen und das Selbstkonzept positiv zu beeinflussen (Luthans & Avolio, 2003). Diese positive Entwicklung und die Beeinflussung des Wohlbefindens der Mitarbeiter durch Erhöhung ihres Selbstwertes kann der Selbst-Effizienz-Theorie zugeschrieben werden (Bandura, 1977, 1986) und als Erklärung für die positiven gefundenen Zusammenhänge gelten. Führungskräfte, die ihren Mitarbeitern einen authentischen Führungsstil vorleben, beeinflussen das Selbstkonzept der Mitarbeiter positiv. Mit den vier Informationsquellen von Bandura (1977) wird dargelegt, dass Mitarbeiter ihren Grad an Selbst-Effizienz stellvertretend durch die Leistungen anderer Menschen entwickeln. Sie können beobachten, wie jemand in einer höheren und ähnlichen Position Leistung erbringt, und daraufhin die eigene Kompetenz mit der anderen vergleicht. Somit kann die Selbst-Effizienz gesteigert werden. Dieses

Ergebnis kann von verschiedenen Studien gestützt werden (Smith et al., 2009; Caza et al., 2010; Hmieleski et al., 2012; Rego et al., 2012; Rego et al. 2014, Wang, 2014, Wang et al., 2014).

In den genannten Studien ist zusätzlich zu beachten, dass die Stichproben in verschiedenen Kulturen erhoben wurden. Dadurch ist anzunehmen, dass sich die Auswirkungen authentischer Führung auf die Mitarbeiter sich aufgrund der kulturellen Zugehörigkeit unterscheiden können. In der vorliegenden Studie wurde davon ausgegangen, dass alle Probanden aus Deutschland kommen und deren Führungskräfte ebenfalls. Die philippinischen Studienteilnehmer wurden so rekrutiert, dass bei den Studenten und Professoren mindestens ein Elternteil aus Deutschland kam. Die Stichprobe aus den Philippinen wies jedoch keinen signifikanten Unterschied zu den deutschen Mitarbeitern auf, sodass in der Untersuchung keine weitere Analyse erforderlich war. Entsprechend der Kulturdimensionen nach Hofstede und Bond (1984) kann jedoch davon ausgegangen werden, dass die Reaktionen der Mitarbeiter auf authentische Führung hinsichtlich der zugehörigen Kultur, unterschiedlich sind. Während die deutsche Kultur nach Hofstede (1984) eher individualistisch als kollektivistisch geprägt ist, kann dies ein Hinweis darauf sein, dass kulturspezifische Unterschiede in der Ausprägung der Selbst-Effizienz eintreten können. Anstatt das Selbstbild auf die (Arbeits-)Gruppe zu beziehen, basiert es eher auf die eigenen Leistungen.

Zudem konnte die Behauptung der zweiten Hypothese belegt werden, dass die Selbst-Effizienz der Führungskräfte selbst positiv mit einem authentischen Führungsstil zusammenhängt. Nach Shamir und Eilam (2005) bildet das Selbstkonzept der Führungskraft die Grundlage für einen authentischen Führungsstil. Nur Individuen, die selbst ein positives Selbstkonzept aufweisen, können dieses auch an andere weitergeben und vermitteln. Es war aufgrund des theoretischen Hintergrundes nicht überraschend festzustellen, dass ein signifikanter Zusammenhang zwischen Prädiktor und Kriterium besteht. Authentische Führungskräfte handeln im Einklang mit den eigenen Werten, Vorlieben und Bedürfnissen (Kernis, 2003; Walumbwa et al., 2008), was sich in ihrem Selbstkonzept widerspiegelt. Es ist davon auszugehen, dass die beiden ersten untersuchten Hypothesen voneinander abhängig sind. Die Wahrscheinlichkeit ist groß, dass sich bei wahrgenommener authentischer Führung gleichzeitig das Selbstkonzept der Mitarbeiter als auch der Führungskraft erhöht. Hierbei sei es wichtig festzuhalten, dass der Führungsstil eine wichtige Rolle bei der eigenen Entwicklung des Selbstkonzepts spielt. Hinsichtlich der Kausalität zwischen authentischer Führung und der Selbst-Effizienz können in der vorliegenden Masterarbeit keine Schlüsse gezogen werden, wobei dies eine interessante Untersuchung darstellen würde. Mittels anderer Studiendesigns und mehreren Messzeitpunkten wäre eine derartige Untersuchung möglich, worauf im Abschnitt 5.2 näher eingegangen wird.

Die Vermutung in der dritten Hypothese, dass ein geringer Unterschied von Selbst- und Idealbild der Selbst-Effizienz der Mitarbeiter die Wahrnehmung einer ausgeprägten authentischen Führung erhöht, konnte entgegen der vorherigen Erwartungen nicht nachgewiesen werden. Im Umkehrschluss bedeutet dies, dass je mehr das Selbstbild eines Mitarbeiters seinem Idealbild ähnelt, nichts über den Zusammenhang mit der authentischen Führungskraft voraussagt. Dafür kann es mehrere Gründe geben. Unabhängig vom Vorgesetzten können Mitarbeiter bereits vor der Zusammenarbeit eine hohe Ausprägung ihres Selbstbildes aufweisen. Obwohl Mitarbeiter täglich in unmittelbarem Austausch mit ihrem Vorgesetzten stehen, kann seine Selbst-Effizienz auch von anderen Faktoren beeinflusst werden, wie beispielsweise von anderen Teammitgliedern. Dies verweist zugleich auf die Größe der Arbeitsgruppe. Eine Führungskraft mit weniger untergegeben Mitarbeitern kann einen größeren Einfluss auf die individuelle Person haben als bei einer großen Gruppe. Ebenfalls sollte beachtet werden, dass bei einem authentischen Führungsstil nicht vorausgesetzt werden kann, dass dieser auch immer positiv mit der Selbst-Effizienz der Mitarbeiter zusammenhängt. Jeder Mensch kann die sich vorgelebte Führung anders aufnehmen und interpretieren und diese unterschiedlich verarbeiten. Daher kann vor allem durch das ausgewählte Studiendesgin keine Aussage über einen kausalen Zusammenhang der Variablen getroffen werden. Möglicherweise ist die angegebene Stichprobe nicht groß genug, um einen signifikanten Zusammenhang der genannten Faktoren erkennen zu können. Nicht zuletzt ist es wichtig zu erwähnen, dass Führungskräfte ebenfalls nicht aus ihrem Idealbild heraus führen. Es wird also vermutet, dass bei einer vorhandenen Lücke des Selbst- und Idealbildes der Führungskraft ein Zusammenhang mit der Lücke zum Selbst- und Idealbild der Mitarbeiter besteht. Die Frage ist jedoch, ob es für die Selbst-Effizienz einer Person förderlich ist, ihr Idealbild zu erreichen. Dies würde womöglich zu einer resultierenden Perfektion des Individuums führen, was sich negativ auf andere Faktoren der Persönlichkeit auswirken könnte. Hierbei kann der Bogen wieder zum Anfang der vorliegenden Arbeit gespannt werden, da nach Harter (2002) Authentizität auf den Grundsatz abzielt, sich selbst treu zu sein und nur im Einklang mit den eigenen Überzeugungen zu handeln.

## 5.2 Kritische Reflexion und Limitation

Bei der Betrachtung der Stichprobe von N = 124, stellt diese den gewünschten Umfang dar. Die Verteilung von 83 Mitarbeitern und 41 Führungskräften zeigte hierbei ein Verhältnis von über 2:1. Aufgrund der Unternehmensgrößen in der Studie, schienen diese Matches von Mitarbeiter auf Führungskräfte plausibel. Zudem konnte sichergestellt werden, dass alle teilnehmenden Personen sich in einem Vollzeit-Arbeitsverhältnis befanden und dadurch keine verzerrten Ergebnisse zu erkennen waren. In Bezug auf die Geschlechterverteilung konnte ein leicht einseitiges Verhältnis nachgewiesen werden. Es wurden 50 weibliche und 74 männliche Probanden generiert. Geschlechterspezifische Merkmale wurden in der Studie jedoch nicht berücksichtigt. Hinsichtlich des Alters war das Durchschnittsalter der Führungskräfte 38.98 Jahre (SD= 9.28). Im Vergleich zu bestehenden Studien in der Literatur (z.B. Ribeiro et al., 2018; Toor & Ofori, 2008) waren die Versuchsteilnehmer auffällig jung. Dies ist damit zu erklären, dass Start-Ups und junge Unternehmen in die Studie miteinflossen. Soziodemografische Daten wie Bildungsgrad und kultureller Hintergrund wurden in der wissenschaftlichen Arbeit nicht untersucht.

Daraus resultierend können für zukünftige Studien weitere Untersuchungen von Zusammenhängen und Unterschieden angestellt werden. Hinsichtlich des Alters, Geschlechts und Bildungsgrades könnten die Teilnehmer in Gruppen selektiert werden. Zusätzlich wäre es hilfreich für die kommende Forschung, weitere Tätigkeitsfelder in Studien mit aufzunehmen. Das Hauptaugenmerk sollte dabei vor allem auf traditionelle und konservative Branchen gelegt werden, die sich eher weniger für Authentizität bzw. authentischer Führung auszeichnen, wie der Bankensektor, das Militär oder etwa die Politik. Hier ist zu vermuten, dass zum einen Unterschiede in der Wahrnehmung authentischer Führung festgestellt würde und sich dies zum anderen anders auf die Selbst-Effizienz auswirken würde. Dies bedeutet aber auch gleichzeitig, dass sich die Art und Weise, wie Menschen geführt werden, nicht nur auf Unternehmen übertragen werden muss.

Vor allem aber sind die kulturellen Unterschiede in Bezug auf Führungskultur und Selbstkonzept der Mitarbeiter weiterhin zu erforschen. Die bereits erwähnten Kulturdimensionen von Hofstede und Bond (1984) haben einen erheblichen Einfluss darauf, welcher spezielle Führungsstil in der dazugehörigen Kultur gelebt wird und wie sich die Mitarbeiter dabei fügen und verhalten. Hierzu sollte der kulturelle Hintergrund der befragten Personen als Kontrollvariable miteinfließen.

Das gewählte Studiendesign und der erhobene Querschnitt erlaubte es lediglich, Effekte bzw. Zusammenhänge der untersuchten Variablen zu erfassen. Aufgrund des kurzen Zeitraums zur Bearbeitung der Masterarbeit, musste ein Querschnittdesign verwendet werden. Ein Längsschnittdesign mit mindestens zwei Messzeitpunkten sollte für zukünftige Untersuchungen eingesetzt werden, um Schlüsse ziehen zu können, welchen Einfluss authentische Führung auf die Selbst-Effizienz der einzelnen Mitarbeiter hat.

Die beiden Fragebögen bestanden aus jeweils 16 Items. Vor allem beim zweiten Fragebogen (SKI) ist jedoch fraglich, ob die verwendeten Subskalen genügend Aufschluss über die Selbst-Effizienz der Mitarbeiter ergab. Es sollte für künftige Studien überlegt werden, einen weiteren Fragebogen zur Erfassung von Selbst-Effizienz aufzunehmen. Dadurch können signifikantere Ergebnisse erzielt werden. Ebenfalls könnte das Forschungsdesign überdacht werden, da bspw. qualitative Interviews eine Möglichkeit bieten würden, explizitere Ergebnisse zu erhalten.

# 6 Fazit

Die Ergebnisse der vorliegenden Masterarbeit zeigen die Relevanz der authentischen Führung in Bezug auf die Selbst-Effizienz der Mitarbeiter und der Führungskräfte selbst. Durch die einfachen Regressionen konnte ein Zusammenhang zwischen den beiden Konstrukten festgestellt werden. Eine Längsschnittstudie über die Auswirkungen authentischer Führung auf die Selbst-Effizienz könnte mithilfe mehrerer Messzeitpunkte einen besseren Aufschluss über Wirkungszusammenhänge geben. In diesem Zusammenhang sollten Organisationen darauf aus sein, ihre Mitarbeiter und Führungskräfte möglichst lange an sich zu binden, um sicherstellen zu können, dass diese durch den Aufbau eines festen Vertrauensverhältnisses die Selbst-Effizienz nachhaltig steigern können.

Ebenfalls kann das Potenzial authentischen Führung erweitert werden, indem geprüft wird, ob authentische Führungskräfte die Selbst-Effizienz der Menschen auf anderen sozialen Ebenen, wie dem öffentlichen, militärischen und politischen Bereich steigern. Dies zu testen wäre notwendig, da ein Mangel an Authentizität nicht nur auf Unternehmen beschränkt ist und somit die Ergebnisse auch zur Verallgemeinerung der Studie beitragen würden.

Es stellt sich die Frage, ob bei dem stetig wachsenden Leistungsdruck und die grösser werdende Konkurrenz im Wettbewerb, Führungskräfte authentisch bleiben können. Authentizität lässt sich nicht zwingend erlernen, jedoch scheint ein regelmäßiges Führungscoaching sinnvoll, authentisches Verhalten zu zeigen und dieses auch an Mitmenschen weiterzugeben. Die Aufgabe einer jeden Führungskraft sollte es daher sein, nicht nur Kompetenzen und Erfahrungen zu vermitteln, sondern vielmehr als Coach zu fungieren, jeden Mitarbeiter persönlich weiterzuentwickeln zu wollen. Diese solches Zusammenspiel funktioniert am besten, wenn als ein Team zusammengearbeitet wird und Vertrauen als Basis angesehen wird.

## Literaturverzeichnis

Atwater, L. E. & Yammarino, F. J. (1992). Does self-other agreement on leadership perceptions moderate the validity of leadership and performance predictions? Personnel Psychology, 45(1), 141-164. doi: 10.1111/j.1744-6570.1992.tb00848.x.

Avolio, B. J. (1999). Full leadership development: Building the vital forces in organizations. Thousand Oaks, CA: Sage.

Avolio, B. J. & Gardner, W. L. (2005). Authentic leadership development: Getting to the root of positive forms of leadership. The Leadership Quarterly, 16(3), 315-338. doi: 10.1016/j.leaqua.2005.03.001.

Avolio, B. J., Gardner, W. L., Walumbwa, F. O., Luthans, F., May, D. R. (2004). Unlocking the mask: A look at the process by which authentic leaders impact follower attitudes and behaviors. The Leadership Quarterly, 15(6), 801-823. doi: 10.1016/j.leagua.2004.09.003.

Bandura, A., Jeffery, R. W., Gajdos, E. (1975). Generalizing change through participant modeling with self-directed mastery. Behaviour Research and Therapy, 13(2-3), 141-152. doi: 10.1016/0005-7967(75)90008-X.

Bandura, A. (1977). Self- efficacy: Toward a unifying theory of behavioral change. Psychological Review, 84, 191-215.

Bandura, A. (1982). Self-efficacy mechanisms in human agency. American Psychologist, 37, 122-147.

Bandura, A. (1986). Social foundations of thought and action: A social cognitive theory Prentice-Hall, Inc, Englewood Cliffs, NJ.

Bandura, A. (1995). Exercise of personal and collective efficacy in changing societies. In A. Bandura (Ed.), Self-efficacy in changing societies (S. 1-45). New York: Cambridge University Press.

Bandura, A. (1997). Self-efficacy: The exercise of control: New York: Freeman.

Bandura, A. & Cervone, D. (1983). Self-evaluative and self-efficacy mechanisms governing the motivational effects of goal systems. Journal of Personality and Social Psychology, 45(5), 1017-1028. doi: 10.1037/0022-3514.45.5.1017.

Bandura, A. (2009). Cultivate self-efficacy for personal and organizational effectiveness. In E. A. Locke (Ed.), Handbook of principles of organization behavior (S. 179-200). New York, NY: Wiley.

Banfield, J. & Wilkerson, B. (2014). Increasing student intrinsic motivation and self-efficacy through gamification pedagogy. Contemporary Issues in Education Research, 7(4), 291-298.

Bass, B. M. & Steidlmeier, P. (1999). Ethics, character and authentic transformational leadership behavior. The Leadership Quarterly, 10(2), 181-217. doi: 10.1016/S1048-9843(99)00016-8.

Baumeister, R. F. (1986). Identity: Cultural change and the struggle for self. New York: Oxford University Press.

Blasi, A. (1980). Bridging moral cognition and moral action: A critical review of the literature. Psychological Bulletin, 88(1), 1-45. doi: 10.1037/00332909.88.1.1.

Boeree, C. G. (2006). Personality theories: Carl Rogers. Abgerufen am 26.6.2019 unter: http://www.social-psychology.de/do/pt_rogers.pdf.

Boud, D., Keogh, R., Walker, D. (1985). Promoting reflection in learning: A model. In D. Boud, R. Keogh, & D. Walker (Eds.). Reflection: Turning experience into learning, (S. 18-40). London: Kogan Page.

Brodmerkel, S. (2007). Wann sind Manager echt? Authentisch führen. managerSeminare, 109, 44-51.

Brutus, S., Fleenor, J. W., Tiask, J. (1999). Exploring the link between rating congruence and managerial effectiveness. Canadian Journal of Administratve Sciences, 16(4), 308-322.

Bryman, A. (1986). Leadership and organizations. London, UK: Routledge& Kegan Paul.

Campbell, J. D., Trapnell, P. D., Heine, S. J., Katz, I. M., Lavallee, L. F., Lehman, D. R. (1996). Self-concept clarity: Measurement, personality correlates, and cultural boundaries. Journal of Personality and Social Psychology, 70, 141-156.

Caza, A., Bagozzi, R. P., Wooley, L., Levy, L., Caza, B. B. (2010). Psychological capital and authentic leadership. Measurement, gender, and cultural extension. Asia-Pacific Journal of Business Administration, 2(1), 53-70. doi: 10.1108/17574321011028972.

Church, A. H. (1997). Managerial self- awareness in high- performing individuals in organizations, Journal of Applied Psychology, 82, 281-292.

Clapp-Smith, R., Vogelgesang, G. R., Avey, J. B. (2009). Authentic Leadership and Positive Psychological Capital. The Mediating Role of Trust at the Group Level of Analysis. Journal of Leadership & Organizational Studies, 15(3), 227-240. doi: 10.1177/1548051808326596.

Cohen, J. (1988). Statistical Power Analysis for the Behavioral Sciences (2nd ed.). Hillsdale, NJ: Lawrence Erlbaum Associates, Publishers.

Deci, E. & Ryan, R. (1995). Human autonomy: The basis for true self- esteem. In: Kernis ;. Editor. Efficacy, agency and self- esteem, 31-49.

Emmerich, A. & Rigotti, T. (2019). Authentizität. In M. A. Wirtz (Hrsg.), Dorsch – Lexikon der Psychologie. Abgerufen am 03.08.2019 von https://m.portal.hogrefe.com/dorsch/authentizitaet/.

Engler, J. & Fulton, P. R. (2012). Self and no-self in psychotherapy. In C. K. Germer & R. D. Siegel (Eds.), Wisdom and compassion in psychotherapy: Deepening mindfulness in clinical practice (S. 176-188). New York, NY, US: The Guilford Press.

Erickson, R. J. (1995). The importance of authenticity for self and society. Symbolic Interaction, 18(2), 121-144. doi: 10.1525/si.1995.18.2.121.

Fabian, M. & Breunig, R. (2019). Long Work Hours and Job Satisfaction: Do Overworkers Get Trapped in Bad Jobs? Social Science Quarterly, 100(5), 1932-1956.

Fletcher, C. (1997). Self awareness—A neglected attribute in selection and assessment? International Journal of Selection and Assessment, 5(3), 183-187. doi: 10.1111/1468-2389.00058.

Gardner, W. L., Avolio, B. J., Luthans, F., May, D. R., Walumbwa, F. (2005). "Can you see the real me?" A self-based model of authentic leader and follower development. The Leadership Quarterly, 16(3), 343-372. doi: 10.1016/j.leaqua.2005.03.003.

George, W. (2003). Authentic leadership: Rediscovering the secrets to creating lasting value. San Francisco: Jossey-Bass.

Georgi, R. v. & Beckmann, D. (2004). Selbstkonzept-Inventar (SKI). Bern: Huber

Georgi, R. v. (2006). Theorie und Messung körperliche Beschwerden. Tönning, Lübeck, Marburg : Der Andere Verlag.

Getliffe, K. A. (1996). An examination of the use of reflection in the same assessment of practice for undergraduate nursing students. International Journal of Nursing Studies, 33(4), 361-374. doi: 10.1016/0020-7489(96)00006-5.

Giallonardo, L. M., Wong, C. A., Iwasiw, C. L. (2010). Authentic leadership of preceptors: Predictor of new graduate nurses' work engagement and job satisfaction. Journal of Nursing Management, 18, 993-1003. doi: 10.1111/j.1365-2834.2010.01126.x.

Griffith, J., Avolio, B. J., Wernsing, T., Walumbwa, F. O. (2009). What is authentic leadership development? Handbook of Positive Psychology and Work. Chapter: What is authentic leadership development? doi:10.1093/oxfordhb/9780195335446.013.0004.

Haas, K., Braun, S., Frey, D. (2016). The Impact of Authentic Leadership in the Face of Organizational Change: Evidence from two Experimental Studies. Paper presented at the 76th Annual Meeting of the Academy of Management (AOM), Anaheim, USA.

Halpin, A. W. & Croft, D. B. (1963). The Organizational Climate of Schools. Chicago, IL: Midwest Administration Center of the University of Chicago.

Hannah, S. T., Lester, P. B., Vogelgesang, G. (2005). Moral leadership: Explicating the moral component of authentic leadership. In W. L. Gardner, B. J. Avolio, & F. O. Walumbwa (Eds), Authentic leadership and practice: Origins, effects, and development: (S. 43-82). Amsterdam: Elsevier.

Harris, A. H., Thoresen, C. E., & Lopez, S. J. (2007). Integrating positive psychology into counseling: Why and (when appropriate) how. Journal of Counseling and Development, 85(1), 3-13.

Harter, S. (1997). The personal self in social context: Barriers to authenticity. In R. D. Ashmore & L. Jussim (Eds.). Self and identity, 1, 81-105.

Harter, S. (2002). Authenticity. In C. R. Snyder & S. J. Lopez (Eds.), Handbook of positive psychology. (S. 382-394). New York, NY, US: Oxford University Press.

Haslam, S. A., Turner, J. C., Oakes, P. J., McGarty, C., Hayes, B. K. (1992). Context-dependent variation in social stereotyping: The effects of intergroup relations as mediated by social change and frame of reference. European Journal of Social Psychology, 22(1), 3-20.

Hassan, A. & Ahmed, F. (2011). Authentic leadership, trust and work engagement. International Journal of Human and Social Sciences, 6, 164-170.

Hebert, C., Kulkin, H. S., Ahn, B. (2014). Facilitating research self-efficacy through teaching strategies linked to self-efficacy theory. American International Journal of Social Science, 3(1), 44-50.

Henderson, J. E. & Hoy, W. K. (1983). Leader authenticity: The development and test of an operational measure. Educational & Psychological Research, 3(2), 63-75.

Hinkin, T. R. (1995). A review of scale development practices in the study of organizations. Journal of Management, 21, 967-988.

Hirst, G., Walumbwa, F., Aryee, S., Butarbutar, I., Chen, C. J. H. (2016). A Multi-Level Investigation of Authentic Leadership as an Antecedent of Helping Behavior. Journal of Business Ethics, 139(3), 485-499. doi: 10.1007/s10551-015-2580-x.

Hmieleski, K. M., Cole, M. S., Baron, R. A. (2012). Shared authentic leadership and new venture performance. Journal of Management, 38, 1476-1499. doi: 10.1177/0149206311415419.

Hofstede, G., & Bond, M. H. (1984). Hofstede's culture dimensions: An independent validation using Rokeach's Value Survey. Journal of Cross-Cultural Psychology, 15(4), 417-433. doi: 10.1177/0022002184015004003.

Hörner, K., Weisweiler, S., Braun, S. (2015). Authentic Leadership and Follower Stress Perception and Coping – Model Testing and Validation of the Authentic Leadership Inventory. Paper presented at the 75th Annual Meeting of the Academy of Management (AOM), Vancouver, BC, Canada.

Hollander, E. (1992). The Essential Interdependence of Leadership and Followership. Current Directions in Psychological Science, 1(2), 71-75.

Hsiung, H.-H. (2012). Authentic Leadership and Employee Voice Behavior. A Multi-Level Psychological Process. Journal of Business Ethics, 107(3), 349-361. doi: 10.1007/s10551-011-1043-2.

Ilies, R., Morgeson, F. P., Nahrgang, J. D. (2005). Authentic leadership and eudaemonic well- being: Understanding leader- follower outcomes. The Leadership Quarterly 16, 373-394. doi: 10.1016/j.leaqua.2005.03.002.

Institut für Arbeitsmarkt- und Berufsforschung (2019). Daten zur Entwicklung der Arbeitszeit und ihrer Komponenten. IAB – Arbeitszeitrechnung (Stand: 04.06.2019).

James, W. (1890, reprinted 1981). The principles of psychology. Cambridge: Harvard University Press.

Jensen, S. M. & Luthans, F. (2006). Entrepreneurs as authentic leaders: Impact on employees' attitudes. Leadership & Organization Development Journal, 27(8), 646-666.

Jourard, S. M. (1971). Self-disclosure: An experimental analysis of the transparent self. Oxford, England: John Wiley.

Kegan, R. (1982). The evolving self: Problem and process in human development. Cambridge, MA: Harvard University Press.

Kernis, M. H. & Goldman, B. M. (2002). Stability and variability in self-concept and self-esteem. In M. Leary & J. Tangney (Eds.), Handbook of self and identity (S. 106-127). NewYork: Guilford Press.

Kernis, M. H. (2003). Toward a Conceptualization of Optimal Self-Esteem. Psychological Inquiry, 14(1), 1-26. doi: 10.1207/S15327965PLI1401_01.

Kernis, M. H. & Goldman, B. M. (2005). From thought and experience to behavior and interpersonal relationships: A multicomponent conceptualization of authenticity. In A. Tesser, J. V. Wood, & D. Stapel (Eds.), On building, defending and regulating the self: A psychological perspective. New York: Psychology Press.

Kernis, M. H. & Goldman, B. M. (2006). A multicomponent conceptualization of authenticity: Theory and research. In M. P. Zanna (Ed.), Advances in experimental social psychology, 38, 283-357. San Diego, CA, US: Elsevier Academic Press. doi: 10.1016/S0065-2601(06)38006-9.

Kihlstrom, J. F. & Cantor, N. (1984). Mental representations of the self. In L. Berkowitz (Ed.), Advances in experimental social psychology (S. 1-47). San Diego, CA: Academic Press.

Kim, M. (2018). The Effects of Authentic Leadership on Employees' Well-Being and the Role of Relational Cohesion. doi: 10.5772/intechopen.76427.

Laschinger, H. K. S., Wong, C. A., Grau, A. L. (2012). The influence of authentic leadership on newly graduated nurses' experiences of workplace bullying, burnout and retention outcomes: A cross-sectional study. International Journal of Nursing Studies, 49, 1266-1276. doi: 10.10 16/j.ijnurstu.2012.05.012.

Laschinger, H. K. S. & Fida, R. (2014). New nurses burnout and workplace well-being. The influence of authentic leadership and psychological capital. Burnout Research, 1(1), 19-28. doi: 10.1016/j.burn.2014.03.002.

Leroy, H., Palanski, M. E., Simons, T. (2012). Authentic Leadership and Behavioral Integrity as Drivers of Follower Commitment and Performance. Journal of Business Ethics, 107(3), 255-264. doi: 10.1007/s10551-011-1036-1.

Lunenburg, F. (2011). Self-efficacy in the workplace: implications for motivation and performance. International Journal of Management, Business and Administration, 14(1).

Luthans, F. (2002). The need for and meaning of positive organizational behavior. Journal of Organizational Behavior, 23, 695-706. doi: 10.1002/job.165.

Luthans, F. & Avolio, B. J. (2003). Authentic leadership: A positive developmental approach. In K. S. Cameron, J. E. Dutton, & R. E. Quinn (Eds.), Positive organizational scholarship (S. 242-261). San Francisco: Barrett-Koehler.

Luthans, F., Avolio, B. J., Avey, J. B., Norman, S. M. (2007a). Positive psychological capital: Measurement and relationship with performance and satisfaction. Personnel Psychology, 60(3), 541-572. doi: 10.1111/j.1744-5470.2007.00083.x.

Luthans, F., Youssef, C. M., Avolio, B. J. (2007b). Psychological capital: Developing the human competitive edge. New York, NY, US: Oxford University Press.

Markus, H. (1977). Self-schemata and processing information about the self. Journal of Personality and Social Psychology, 35, 63-78.

Maslow, A. (1968). Motivation and personality (3rd ed.). New York: Harper.

Maslow, A. (1971). The farther reaches of human nature. New York: Viking.

Mor, N., & Winquist, J. (2002). Self-focused attention and negative affect: A meta-analysis. Psychological Bulletin, 128(4), 638-662. doi: 10.1037/0033-2909.128.4.638.

McLeod, S. (2014). Carl Rogers – Simply Psychology. Abgerufen am 8.7.2019 unter http://www.simplypsychology.org/carl-rogers.html.

Mead, G., H. (1934). Mind, Self, and Society – from the Standpoint of a Social Behaviorist, 179(1), 272-273. doi: 10.1177/000271623517900175.

Mehmood, Q., Nawab, S., Hamstra, M. R. W. (2016). Does Authentic Leadership Predict Employee Work Engagement and In-Role Performance? Journal of Personnel Psychology, 15(3), 139-142. doi: 10.1027/1866-5888/a000164.

Neider, L. L. & Schriesheim, C. A. (2011). The Authentic Leadership Inventory (ALI): Development and empirical tests. The Leadership Quarterly, 22, 1146-1164. doi: 10.1016/j.leaqua.2011.09.008.

Novicevic, M. M., Harvey, M. G., Buckley, M. R., Brown, J. A., Evans, R. (2006). Authentic leadership: A historical perspective. Journal of Leadership & Organizational Studies, 13(1), 64-76. doi: 10.1177/10717919070130010901.

Pajares, F. (2001). Toward a positive psychology of academic motivation. The Journal of Educational Research, 95(1), 27-35.

Parker, S. (1998). Enhancing role-breadth self-efficacy. Journal of Applied Psychology, 83, 835-852.

Paulhus, D. L. & Martin, C. L. (1988). Functional flexibility: A new conceptualization of interpersonal flexibility. Journal of Personality and Social Psychology, 55, 88-101.

Perls, F., Hefferline, R. F., Goodman, P. (1951). Gestalt therapy. New York: Julian. (Reprinted 1965, New York: Dell).

Peus, C., Wesche, J. S., Streicher, B., Braun, S., Frey, D. (2012). Authentic Leadership: An empirical test of its antecedents, consequences, and mediating mechanisms. Journal of Business Ethics, 107, 331-348. doi: 10.1007/s10551-011-1042-3.

Rahimnia, F. & Sharifirad, M. S. (2015). Authentic Leadership and Employee Well-Being. The Mediating Role of Attachment Insecurity. Journal of Business Ethics, 132(2), 363-377. doi: 10.1007/s10551-014-2318-1.

Randolph-Seng, B., & Gardner, W. L. (2013). Validating measures of leader authenticity: Relationships between implicit/explicit self-esteem, situational cues, and leader authenticity. Journal of Leadership & Organizational Studies, 20(2), 214-231. doi: 10.1177/1548051812464780.

Redmond, B. F. (2010). Self-Efficacy Theory: Do I think that I can succeed in my work? Work Attitudes and Motivation. Retrieved 2012, from The Pennsylvania State University: World Campus.

Rego, A., Sousa, F., Marques, C., Cunha, M. P. e. (2012). Authentic leadership promoting employees' psychological capital and creativity. Journal of Business Research, 65(3), 429-437. doi: 10.1016/j.jbusres.2011.10.003.

Rego, A., Sousa, F., Marques, C., Pina e Cunha, M. (2014). Hope and positive affect mediating the authentic leadership and creativity relationship. Journal of Business Research, 67(2), 200-210. doi: 10.1016/j.jbusres.2012.10.003.

Ribeiro, N., Gomes, D. R., Kurian, S. (2018). Authentic leadership and performance: The mediating role of employees' affective commitment. Social Responsibility Journal, 14(3), 213-225. doi: 10.1108/SRJ-06-2017-0111.

Rogers, C. R. (1951). Client-centered Therapy: Its Current Practice, Implications and Theory. Boston: Houghton Mifflin.

Rogers, C. R. (1954). Psycho-therapy and Personality Change. Chicago: University of Chicago Press.

Rogers, C. R. (1959). A Theory of Therapy, Personality, and Interpersonal Relationships: As Developed in the Client-Centered Framework. In S. Koch (Ed.), Psychology: A Study of a Science. Formulations of the Person and the Social Context, 3, 184-256. New York: McGraw Hill.

Rogers, C. R. (1961). On Becoming a Person: A Therapist's View of Psychotherapy. Boston: Houghton-Mifflin.

Shamir, B. & Eilam, G. (2005). "What's your story?" A life-stories approach to authentic leadership development. The Leadership Quarterly, 16(3), 395-417.

Swann, W. B., Jr. (1983). Self-verification: Bringing social reality into harmony with the self. In J. Suls & A. G. Greenwald (Eds.), Psychological perspectives on the self, 2, 33-66. NJ: Erlbaum: Hillsdale.

Swann, W. B., Stein-Seroussi, A., Giesler, R. B. (1992). Why people self-verify. Journal of Personality and Social Psychology, 62(3), 392-401. doi: 10.1037/0022-3515.62.3.392.

Snyder, C. R. & Lopez, S. J. (2007). Positive psychology: The scientific and practical explorations of human strengths. Thousand Oaks, CA, US: Sage Publications, Inc..

Syrek, C., J., Apostel, E., Antoni, C., H. (2013). Stress in Highly Demanding IT Jobs: Transformational Leadership Moderates the Impact of Time Pressure on Exhaustion and Work- Life Balance. Journal of Occupational-Health Psychology, 2013, 18(3), 252-261. doi: 10.1037/a0033085.

Tajfel, H. & Turner, J. C. (1979). An integrative theory of intergroup conflict. In W. G. Austin, & S. Worchel (Eds.), The social psychology of intergroup relations (S. 33-37). Monterey, CA: Brooks/Cole.

Tajfel, H. & Turner, J.C. (1986). The Social Identity Theory of Intergroup Behavior. In: Worchel, S. and Austin, W.G., Eds., Psychology of Intergroup Relation, Hall Publishers, Chicago, 7-24.

Tice, D. M. & Wallace, H. M. (2003). The reflected self: Creating yourself as (you think) others see you. In M. R. Leary & J. P. Tangney (Eds.), Handbook of self and identity, 91-105. New York, NY, US: The Guilford Press.

Toor, S.-u.-R., & Ofori, G. (2009). Authenticity and its influence on psychological well-being and contingent self-esteem of leaders in Singapore construction sector. Construction Management and Economics, 27(3), 299-313. doi: 10.1080/01446190902729721.

Tornow, W. W. (1993). Perceptions or reality: Is multiple- perspective measurement a means or an end? Human Resource Management, 32, 221-230.

Trapnell, P. D. & Campbell, J. D. (1999). Private self-consciousness and the five-factor model of personality: Distinguishing rumination from reflection. Journal of Personality and Social Psychology, 76(2), 284-304. doi: 10.1037/0022-3514.76.2.284.

Turner, J. C., Hogg, M. A., Oakes, P. J., Reicher, S. D., Wetherell, M. S. (1987). Rediscovering the Social Group: A Self-Categorization Theory. Oxford, England: Blackwell.

Van der Bijl, J. J. & Shortridge-Baggett, L. M. (2002). The theory and measurement of the self-efficacy construct. In E. A. Lentz & L. M. Shortridge-Baggett (Eds.). Self-efficacy in nursing: Research and measurement perspectives, 9-28. New York: Springer.

Verplanken, B. & Holland, R. W. (2002). Motivated decision making: Effects of activation and self-centrality of values on choices and behavior. Journal of Personality and Social Psychology, 82, 434-447.

Walumbwa, F. O., Avolio, B. J., Gardner, W. L., Wernsing, T. S., Peterson, S. J. (2008). Authentic leadership: Development and validation of a theory-based measure. Journal of Management, 34(1), 89-126. doi: 10.1177/0149206307308913.

Walumbwa, F. O., Luthans, F., Avey, J. B., Oke, A. (2011). Authentically leading groups: The mediating role of collective psychological capital and trust. Journal of Organizational Behavior, 32(1), 4-24. doi: 10.1002/job.653.

Wang, H., Sui, Y., Luthans, F., Wang, D., Wu, Y. (2014). Impact of authentic leadership on performance. Role of followers' positive psychological capital and relational processes. Journal of Organizational Behavior, 35(1), 5-21. doi: 10.1002/job.1850.

Welch, J. (2005). Winning. (S.80). New York, NY, US: Harper Business.

Werhane, P. C. & Litz, R. (1999). Moral Imagination in Management Decision Making. The Academy of Management Review, 25(1), 256. doi: 10.2307/259276.

Williams, T. & Williams, K. (2010). Self-efficacy and performance in mathematics: Reciprocal determinism in 33 nations. Journal of ducational Psychology, 102(2), 453-466. doi: 10.1037/a0017271.

Wong, C. A. & Giallonardo, L. M. (2013). Authentic leadership and nurse-assessed adverse patient outcomes. Journal of nursing management, 21(5), 740-752. doi: 10.1111/jonm.12075.

Wong, C. A. & Laschinger, H. K. S. (2013). Authentic leadership, performance, and job satisfaction: The mediating role of empowerment. Journal of Advanced Nursing, 69, 947-959. doi: 10.1111/j.1365 – 2648.2012.06089.x.

# Anhang

## Anhang 1: Fragebogen Mitarbeiter Deutsch

### Willkommen zur Umfrage über Authentische Führung und Selbst-Effizienz

Ich, Daniel Lupzig, studiere Arbeits- und Organisationspsychologie an der Medical School Hamburg, um meinen Master of Science zu absolvieren. Im Rahmen meiner Masterarbeit beschäftige ich mich intensiv mit dem Zusammenhang zwischen Authentischer Führung und Selbst-Effizienz der Mitarbeiter. In Unternehmen haben Vorgesetzte aufgrund ihrer Vorbildfunktion einen maßgeblichen Einfluss auf Einstellungen, Verhalten und Leistung von Mitarbeitenden. Dies möchte ich mir genauer anschauen und untersuche daher, wie Führung mit der Ich-Stärke zusammenhängt.

Daher brauche ich Ihre Unterstützung!

Die Umfrage dauert nur ca. 5 Minuten.

Ihre Daten werden selbstverständlich vertraulich behandelt und anonym ausgewertet.
Es gibt keine richtigen oder falschen Antworten. Antworten Sie gern spontan. Lediglich Ihre persönliche Sichtweise ist für mich von Bedeutung.


Es gibt keine richtigen oder falschen Antworten. Antworten Sie gern spontan. Lediglich Ihre persönliche Sichtweise ist für mich von Bedeutung.

Die Daten werden ausschließlich im Rahmen der oben genannten Studie verwendet und nach 6 Monaten unverzüglich gelöscht.

## Alter

Geben Sie Ihr Alter ein

## Geschlecht

Geben Sie Ihr Geschlecht ein

weiblich  
○

männlich  
○

## Wie lange arbeiten Sie generell schon?

Geben Sie bitte die Dauer Ihrer Arbeitserfahrung an

☐ < 5 Monate

☐ 5 - 36 Monate

☐ 3 - 10 Jahre

☐ > 10 Jahre

## Dauer der Zusammenarbeit mit Ihrer aktuellen Führungskraft

Geben Sie die Dauer der Zusammenarbeit mit Ihrer aktuellen Führungskraft an

○ 1 - 5 Monate

○ 5 - 12 Monate

○ 1 - 3 Jahre

○ > 3 Jahre

## Geschlecht der Führungskraft

Geben Sie das Geschlecht Ihrer Führungskraft an

weiblich  
○

männlich  
○

# Anhang

Die folgenden Fragebogenitems beziehen sich darauf, wie Sie den Führungsstil Ihres Vorgesetzten wahrnehmen.

Beurteilen Sie, wie häufig jede Aussage auf seinen Führungsstil zutrifft, und zwar anhand der folgenden Skala:

0= nie    1= selten    2= gelegentlich    3= oft    4= sehr häufig/immer

## Mein/e Vorgesetzte/r...

| | 0 | 1 | 2 | 3 | 4 |
|---|---|---|---|---|---|
| 1. sagt genau, was er bzw. sie meint | ○ | ○ | ○ | ○ | ○ |
| 2. gibt zu, wenn Fehler gemacht wurden | ○ | ○ | ○ | ○ | ○ |
| 3. ermuntert jeden dazu, seine Meinung offen zu äußern | ○ | ○ | ○ | ○ | ○ |
| 4. sagt mir die harte Wahrheit | ○ | ○ | ○ | ○ | ○ |
| 5. zeigt Emotionen, die genau seinen/ihren Empfindungen entsprechen | ○ | ○ | ○ | ○ | ○ |
| 6. zeigt Überzeugungen, die im Einklang mit seinen/ihren Handlungen stehen | ○ | ○ | ○ | ○ | ○ |
| 7. trifft Entscheidungen auf der Grundlage seiner/ihrer wichtigsten Wertvorstellungen | ○ | ○ | ○ | ○ | ○ |
| 8. bittet mich, Standpunkte in Übereinstimmung mit meinen eigenen, wichtigsten Wertvorstellungen einzunehmen | ○ | ○ | ○ | ○ | ○ |
| 9. trifft schwierige Entscheidungen auf der Grundlage hoher Wertvorstellungen für ethisch korrektes Verhalten | ○ | ○ | ○ | ○ | ○ |
| 10. möchte auch Standpunkte hören, die seine/ihre tiefen Überzeugungen in Frage stellen | ○ | ○ | ○ | ○ | ○ |
| 11. analysiert relevante Daten, bevor er/sie eine Entscheidung fällt | ○ | ○ | ○ | ○ | ○ |
| 12. hört sich verschiedene Standpunkte gut an, bevor er/sie seine/ihre Schlüsse zieht | ○ | ○ | ○ | ○ | ○ |
| 13. bittet um Feedback, um die Interaktion mit Anderen zu verbessern | ○ | ○ | ○ | ○ | ○ |
| 14. beschreibt zutreffend, wie andere seine/ihre Fähigkeiten einschätzen | ○ | ○ | ○ | ○ | ○ |
| 15. weiß, wann es Zeit ist, seinen/ihren Standpunkt im Hinblick auf wichtige Fragen neu zu überdenken | ○ | ○ | ○ | ○ | ○ |
| 16. zeigt, dass er/sie versteht, inwiefern spezielle Handlungen Auswirkungen auf Andere haben | ○ | ○ | ○ | ○ | ○ |

## Idealbild

Dieser Fragebogen erfasst Ihr ganz persönliches Idealbild, das Sie von sich haben.

Denken Sie bitte daran, alle Fragen so zu beantworten, wie Sie **gerne sein möchten**, und nicht, wie Sie sich tatsächlich selber einschätzen.

Weicht Ihr Idealbild nach einer Seite ab, können Sie je nach Stärke die 1, 2 oder 3 anklicken.

| | 3 | 2 | 1 | 0 | 1 | 2 | 3 | |
|---|---|---|---|---|---|---|---|---|
| Ich mache mir eher selten | ○ | ○ | ○ | ○ | ○ | ○ | ○ | eher häufig Sorgen über persönliche Probleme |
| Meist fühle ich mich ganz wohl | ○ | ○ | ○ | ○ | ○ | ○ | ○ | eigentlich fast nie |
| Bei Angstgefühlen fühle ich mich oft allein gelassen | ○ | ○ | ○ | ○ | ○ | ○ | ○ | berühren mich eher selten |
| Ich mache mir nur manchmal | ○ | ○ | ○ | ○ | ○ | ○ | ○ | fast immer Selbstvorwürfe |
| Oft befällt mich eine Lebensangst | ○ | ○ | ○ | ○ | ○ | ○ | ○ | eher nur ganz selten |
| Eine Lebenskrise hatte ich nur selten | ○ | ○ | ○ | ○ | ○ | ○ | ○ | eher schon häufiger |
| Ich denke meist positiv | ○ | ○ | ○ | ○ | ○ | ○ | ○ | zu oft negativ |
| Ich bin leicht verletzbar | ○ | ○ | ○ | ○ | ○ | ○ | ○ | eher ziemlich unabhängig von äußeren Einflüssen |

# Anhang

## Selbstbild

Dieser Fragebogen erfasst das ganz persönliche Bild, das Sie von sich haben.

Weicht Ihr Selbstbild nach einer Seite ab, können Sie je nach Stärke die 1, 2 oder 3 anklicken.

| | 3 | 2 | 1 | 0 | 1 | 2 | 3 | |
|---|---|---|---|---|---|---|---|---|
| Ich mache mir eher selten | ○ | ○ | ○ | ○ | ○ | ○ | ○ | eher häufig Sorgen über persönliche Probleme |
| Meist fühle ich mich ganz wohl | ○ | ○ | ○ | ○ | ○ | ○ | ○ | eigentlich fast nie |
| Bei Angstgefühlen fühle ich mich oft allein gelassen | ○ | ○ | ○ | ○ | ○ | ○ | ○ | berühren mich eher selten |
| Ich mache mir nur manchmal | ○ | ○ | ○ | ○ | ○ | ○ | ○ | fast immer Selbstvorwürfe |
| Oft befällt mich eine Lebensangst | ○ | ○ | ○ | ○ | ○ | ○ | ○ | eher nur ganz selten |
| Eine Lebenskrise hatte ich nur selten | ○ | ○ | ○ | ○ | ○ | ○ | ○ | eher schon häufiger |
| Ich denke meist positiv | ○ | ○ | ○ | ○ | ○ | ○ | ○ | zu oft negativ |
| Ich bin leicht verletzbar | ○ | ○ | ○ | ○ | ○ | ○ | ○ | eher ziemlich unabhängig von äußeren Einflüssen |

## Vielen Dank für Ihre Teilnahme!

100%

Anhang

# Anhang 2: Fragebogen Mitarbeiter Englisch

### Welcome to the survey about Authentic Leadership and Self-Efficacy

I, Daniel Lupzig, major in Work and Organizational Psychology at the MSH Medical School Hamburg in pursuit of my Masters of Science. For my thesis, I will concentrate on the relations between Authentic Leadership and the Followers Self-Efficacy. Everyone that is working in a company or currently studying at a university have to interact with leaders (i.e. management, professors). By taking a closer look at the relationship between the Leadership-Style and the Followers Self-Efficacy I will be able to better assess the quality of care in an organization and the own improvement during that time.

...this is why I need your help!

This survey takes about 5 minutes of your time.

There will be no right or wrong answers. I would like you to answer spontanously.

Just a few words in advance:
For taking part in this survey, it's necessary that you read through these aspects.

- I am aware that I am participating in a psychological survey,
- My data will be treated discretely and anonymously,
- My data will only be used for statistic purposes for the following master thesis,
- Participation is voluntary. I have the right to withdraw my data from the survey,
- My data will not be saved for more than 6 months and will be deleted automatically.
- For questions and feedback about the survey, email

### Why do we collect and use your data?
I admit that I read through the infomation above and confirm my participation

## Age
Please type in your age

## Gender
Please type in your gender

female          male
  ○              ○

## How long have you been working in general ?
Type in the period of time you work already

☐ less than 5 months          ☐ 3 - 10 years

☐ 5 - 36 months               ☐ more than 10 years

## Period of time working together with your current leader

Type in the period of time you are already working together

○ 1 - 5 months

○ 5 - 12 months

○ 1 - 3 years

○ more than 3 years

Anhang

The following survey items refer to your leader's style, as you perceive it.
Judge how frequently each statement fits his or her leadership style using the following scale:

0= not at all    1= once in a while    2= sometimes    3= fairly often    4= frequently

## My Leader...

|  | 0 | 1 | 2 | 3 | 4 |
|---|---|---|---|---|---|
| 1. says exactly what he or she means | ○ | ○ | ○ | ○ | ○ |
| 2. admits mistakes when they are made | ○ | ○ | ○ | ○ | ○ |
| 3. encourages everyone to speak their mind | ○ | ○ | ○ | ○ | ○ |
| 4. tells you the hard truth | ○ | ○ | ○ | ○ | ○ |
| 5. displays emotions exactly in line with feelings | ○ | ○ | ○ | ○ | ○ |
| 6. demonstrates beliefs that are consistent with actions | ○ | ○ | ○ | ○ | ○ |
| 7. makes decisions based on his or her core values | ○ | ○ | ○ | ○ | ○ |
| 8. asks you to take positions that support your core values | ○ | ○ | ○ | ○ | ○ |
| 9. makes difficult decisions based on high standards of ethical conduct | ○ | ○ | ○ | ○ | ○ |
| 10. solicits views that challenge his or her deeply held positions | ○ | ○ | ○ | ○ | ○ |
| 11. analyzes relevant data before coming to a decision | ○ | ○ | ○ | ○ | ○ |
| 12. listens carefully to different points of view before coming to conclusions | ○ | ○ | ○ | ○ | ○ |
| 13. seeks feedback to improve interactions with others | ○ | ○ | ○ | ○ | ○ |
| 14. accurately describes how others view his or her capabilities | ○ | ○ | ○ | ○ | ○ |
| 15. knows when it is time to reevaluate his or her position on important issues | ○ | ○ | ○ | ○ | ○ |
| 16. shows he or she understands how specific actions impact others | ○ | ○ | ○ | ○ | ○ |

# Anhang

## Your Ideal-Self
### Describe how you would like to be

Please remember to answer all questions the way you would like to be, not how you actually feel about yourself.

| | 3 | 2 | 1 | 0 | 1 | 2 | 3 | |
|---|---|---|---|---|---|---|---|---|
| I less likely | ○ | ○ | ○ | ○ | ○ | ○ | ○ | more likely worry about personal problems |
| Most of the time I feel comfortable | ○ | ○ | ○ | ○ | ○ | ○ | ○ | almost never |
| I often feel alone with feelings of anxiety | ○ | ○ | ○ | ○ | ○ | ○ | ○ | rarely |
| I sometimes make self-accusation | ○ | ○ | ○ | ○ | ○ | ○ | ○ | almost always |
| Most of the time I am affected by fear of life | ○ | ○ | ○ | ○ | ○ | ○ | ○ | rarely |
| I have rarely had a life crisis | ○ | ○ | ○ | ○ | ○ | ○ | ○ | more often |
| I do think positively most of the time | ○ | ○ | ○ | ○ | ○ | ○ | ○ | too often negatively |
| I am easily vulnerable | ○ | ○ | ○ | ○ | ○ | ○ | ○ | more likely independent from external influences |

## Self-Assessment

This survey is about self evaluation.
You can choose the intensity from 3 (strong) to 1 (not strong)

| | 3 | 2 | 1 | 0 | 1 | 2 | 3 | |
|---|---|---|---|---|---|---|---|---|
| I less likely | ○ | ○ | ○ | ○ | ○ | ○ | ○ | more likely worry about personal problems |
| Most of the time I feel comfortable | ○ | ○ | ○ | ○ | ○ | ○ | ○ | almost never |
| I often feel alone with feelings of anxiety | ○ | ○ | ○ | ○ | ○ | ○ | ○ | rarely |
| I sometimes make self-accusation | ○ | ○ | ○ | ○ | ○ | ○ | ○ | almost always |
| Most of the time I am affected by fear of life | ○ | ○ | ○ | ○ | ○ | ○ | ○ | rarely |
| I have rarely had a life crisis | ○ | ○ | ○ | ○ | ○ | ○ | ○ | more often |
| I do think positively most of the time | ○ | ○ | ○ | ○ | ○ | ○ | ○ | too often negatively |
| I am easily vulnerable | ○ | ○ | ○ | ○ | ○ | ○ | ○ | more likely independent from external influences |

Thank you a lot for your cooperation!

Anhang

## Anhang 3: Fragebogen Führungskräfte Deutsch

### Willkommen zur Umfrage über Authentische Führung und Selbst-Effizienz

Ich, Daniel Lupzig, studiere Arbeits- und Organisationspsychologie an der Medical School Hamburg, um meinen Master of Science zu absolvieren. Im Rahmen meiner Masterarbeit beschäftige ich mich intensiv mit dem Zusammenhang zwischen Authentischer Führung und Selbst-Effizienz der Mitarbeiter. In Unternehmen haben Vorgesetzte aufgrund ihrer Vorbildfunktion einen maßgeblichen Einfluss auf Einstellungen, Verhalten und Leistung von Mitarbeitenden. Dies möchte ich mir genauer anschauen und untersuche daher, wie Führung mit der Ich-Stärke zusammenhängt.

Daher brauche ich Ihre Unterstützung!

Die Umfrage dauert nur ca. 5 Minuten.

Ihre Daten werden selbstverständlich vertraulich behandelt und anonym ausgewertet.
Es gibt keine richtigen oder falschen Antworten. Antworten Sie gern spontan. Lediglich Ihre persönliche Sichtweise ist für mich von Bedeutung.

Es gibt keine richtigen oder falschen Antworten. Antworten Sie gern spontan. Lediglich Ihre persönliche Sichtweise ist für mich von Bedeutung.

Die Daten werden ausschließlich im Rahmen der oben genannten Studie verwendet und nach 6 Monaten unverzüglich gelöscht.

Für Fragen oder Feedback stehe ich gerne unter                zur Verfügung.

### Alter
Geben Sie Ihr Alter ein

### Geschlecht
Geben Sie Ihr Geschlecht ein

weiblich                                         männlich
○                                                ○

### Wie lange arbeiten Sie generell schon?
Geben Sie bitte die Dauer Ihrer Arbeitserfahrung an

☐ < 5 Monate

☐ 5 - 36 Monate

☐ 3 - 10 Jahre

☐ > 10 Jahre

## Dauer der Ausübung als Führungskraft
Geben Sie die Dauer an, wie lange Sie bereits im derzeitigen Unternehmen als Führungskraft tätig sind

○ 1 - 5 Monate

○ 5 - 12 Monate

○ 1 - 3 Jahre

○ > 3 Jahre

# Anhang

Die folgende Fragebogenitems beziehen sich auf Ihre Wahrnehmung des eigenen Führungsstils

Beurteilen Sie, wie häufig jede Aussage auf Ihren Führungsstil zutrifft, und zwar anhand der folgenden Skala:

0= nie  1= selten  2= gelegentlich  3= oft  4= sehr häufig/immer

## Als Führungskraft...

| | 0 | 1 | 2 | 3 | 4 |
|---|---|---|---|---|---|
| 1. sage ich genau, was ich meine | ○ | ○ | ○ | ○ | ○ |
| 2. gebe ich es zu, wenn ich einen Fehler gemacht habe | ○ | ○ | ○ | ○ | ○ |
| 3. ermutige ich jede/n dazu, seine/ihre Meinung offen zu äußern | ○ | ○ | ○ | ○ | ○ |
| 4. sage ich die harte Wahrheit | ○ | ○ | ○ | ○ | ○ |
| 5. zeige ich Emotionen, die genau meinen Empfindungen entsprechen | ○ | ○ | ○ | ○ | ○ |
| 6. zeige ich Überzeugungen, die im Einklang mit meinen Handlungen stehen | ○ | ○ | ○ | ○ | ○ |
| 7. treffe ich Entscheidungen auf der Grundlage meiner wichtigsten Wertvorstellungen | ○ | ○ | ○ | ○ | ○ |
| 8. sporne ich meine Mitarbeiter an, Standpunkte einzunehmen, die seinen/ihren wichtigsten Werten entsprechen | ○ | ○ | ○ | ○ | ○ |
| 9. treffe ich schwierige Entscheidungen auf der Grundlage hoher Wertvorstellungen für ethisch korrektes Verhalten | ○ | ○ | ○ | ○ | ○ |
| 10. möchte ich auch Standpunkte hören, die meine tiefen Überzeugungen in Frage stellen | ○ | ○ | ○ | ○ | ○ |
| 11. analysiere ich relevante Daten, bevor ich eine Entscheidung fälle | ○ | ○ | ○ | ○ | ○ |
| 12. höre ich mir verschiedene Standpunkte gut an, bevor ich eine Entscheidung treffe | ○ | ○ | ○ | ○ | ○ |
| 13. erbitte ich Feedback, um die Interaktion mit Anderen zu verbessern | ○ | ○ | ○ | ○ | ○ |
| 14. beschreibe ich zutreffend, wie andere meine Fähigkeiten einschätzen | ○ | ○ | ○ | ○ | ○ |
| 15. weiß ich, wann es Zeit ist, meinen Standpunkt im Hinblick auf wichtige Fragen neu zu überdenken | ○ | ○ | ○ | ○ | ○ |
| 16. zeige ich, dass ich verstehe, inwiefern spezielle Handlungen Auswirkungen auf Andere haben | ○ | ○ | ○ | ○ | ○ |

Anhang

## Idealbild

Dieser Fragebogen erfasst Ihr ganz persönliches Idealbild, das Sie von sich haben.

Denken Sie bitte daran, alle Fragen so zu beantworten, wie Sie gerne sein möchten, und nicht, wie Sie sich tatsächlich selber einschätzen.

Weicht Ihr Idealbild nach einer Seite ab, können Sie je nach Stärke die 1, 2 oder 3 anklicken.

| | 3 | 2 | 1 | 0 | 1 | 2 | 3 | |
|---|---|---|---|---|---|---|---|---|
| Ich mache mir eher selten | ○ | ○ | ○ | ○ | ○ | ○ | ○ | eher häufig Sorgen über persönliche Probleme |
| Meist fühle ich mich ganz wohl | ○ | ○ | ○ | ○ | ○ | ○ | ○ | eigentlich fast nie |
| Bei Angstgefühlen fühle ich mich oft allein gelassen | ○ | ○ | ○ | ○ | ○ | ○ | ○ | berühren mich eher selten |
| Ich mache mir nur manchmal | ○ | ○ | ○ | ○ | ○ | ○ | ○ | fast immer Selbstvorwürfe |
| Oft befällt mich eine Lebensangst | ○ | ○ | ○ | ○ | ○ | ○ | ○ | eher nur ganz selten |
| Eine Lebenskrise hatte ich nur selten | ○ | ○ | ○ | ○ | ○ | ○ | ○ | eher schon häufiger |
| Ich denke meist positiv | ○ | ○ | ○ | ○ | ○ | ○ | ○ | zu oft negativ |
| Ich bin leicht verletzbar | ○ | ○ | ○ | ○ | ○ | ○ | ○ | eher ziemlich unabhängig von äußeren Einflüssen |

# Anhang

## Selbstbild

Dieser Fragebogen erfasst das ganz persönliche Bild, das Sie von sich haben.

Weicht Ihr Selbstbild nach einer Seite ab, können Sie je nach Stärke die 1, 2 oder 3 anklicken.

| | 3 | 2 | 1 | 0 | 1 | 2 | 3 | |
|---|---|---|---|---|---|---|---|---|
| Ich mache mir eher selten | ○ | ○ | ○ | ○ | ○ | ○ | ○ | eher häufig Sorgen über persönliche Probleme |
| Meist fühle ich mich ganz wohl | ○ | ○ | ○ | ○ | ○ | ○ | ○ | eigentlich fast nie |
| Bei Angstgefühlen fühle ich mich oft allein gelassen | ○ | ○ | ○ | ○ | ○ | ○ | ○ | berühren mich eher selten |
| Ich mache mir nur manchmal | ○ | ○ | ○ | ○ | ○ | ○ | ○ | fast immer Selbstvorwürfe |
| Oft befällt mich eine Lebensangst | ○ | ○ | ○ | ○ | ○ | ○ | ○ | eher nur ganz selten |
| Eine Lebenskrise hatte ich nur selten | ○ | ○ | ○ | ○ | ○ | ○ | ○ | eher schon häufiger |
| Ich denke meist positiv | ○ | ○ | ○ | ○ | ○ | ○ | ○ | zu oft negativ |
| Ich bin leicht verletzbar | ○ | ○ | ○ | ○ | ○ | ○ | ○ | eher ziemlich unabhängig von äußeren Einflüssen |

Vielen Dank für Ihre Teilnahme!

100%